媒体融合背景下的视听新业态转型

王彬 洪杰文 赵欢　编著

中国国际广播出版社

图书在版编目（CIP）数据

媒体融合背景下的视听新业态转型 / 王彬，洪杰文，赵欢编著. -- 北京：中国国际广播出版社，2025. 4.
ISBN 978-7-5078-5816-7

Ⅰ. G219.2

中国国家版本馆CIP数据核字第2025BQ6517号

媒体融合背景下的视听新业态转型

编　　著	王　彬　洪杰文　赵　欢
责任编辑	韩　蕊
校　　对	张　娜
版式设计	邢秀娟
封面设计	赵冰波

出版发行	中国国际广播出版社有限公司［010-89508207（传真）］
社　　址	北京市丰台区榴乡路88号石榴中心1号楼2001
	邮编：100079
印　　刷	环球东方（北京）印务有限公司

开　　本	710×1000　1/16
字　　数	220千字
印　　张	15
版　　次	2025 年 4 月　北京第一版
印　　次	2025 年 4 月　第一次印刷
定　　价	58.00 元

序

技术赋能媒介，媒介深入生活。在深度媒介化社会持续演进的生活情境中，智能手表推送新闻全息影像，车载系统实时播放县级融媒的方言短剧，XR 眼镜中传统文化正以粒子形态重构着历史场景。这种深度媒介化不仅催生了云转播、触感新闻等视听新形态，更倒逼整个行业完成从“渠道融合”到“生态重构”的质变。在变革势不可挡的趋势下，广电视听已经突破客厅场景，演变为以人为节点、以数据为脉络、以场景为介质的复合传播生态——智慧广电网络构建起覆盖 14 亿多用户的情感计算系统，AI 中台为每则新闻注入千人千面的叙事基因，“新闻 + 政务服务商务”模式正在重塑基层社会治理的毛细血管……当中央广播电视总台的 8K+ 三维声直播登上月球基站，当湖北广电长江云平台的气象数据转化为长江经济带的产业图谱，我们可以发现，媒体融合已经突破传统业务边界，成为数字中国建设的神经中枢。

站在新的历史节点，主流媒体系统性变革既是时代所指，也是生存必需。回望媒体融合上升为我国国家战略的十余年历程，从最初的技术驱动到如今的深度相融，我国的媒体融合发展走出了一条具有鲜明中国特色的创新之路。中央全面深化改革领导小组第四次会议审议通过的《关于推动传统媒体和新兴媒体融合发展的指导意见》，标志着我国媒体融合正式上升为国家战略；党的二十大报告提出“加强全媒体传播体系建设”，为媒体深度融合注入根本动力；党的二十届三中全会进一步提出系统性变革要求，媒体融合改革进入深水区和攻坚期。这场主流媒体系统性变革深刻改变着新闻生产方式和传播格局，推动着主流媒体持续不断地在守正中创新、在融合中突破，这种守正创新的转型突破既构建起全媒体传播新格局，也对从业者的思维方式、专业能力提出了新要求。

本书立足这场波澜壮阔的媒介革命，以全域融合、全链创新、全景赋能为研究脉络，穿透湖北广电“长安姑娘”XR 出圈、垄上 MCN 助农矩阵等鲜活样本，解构智媒时代视听业态的升维密码。本书紧扣时代脉搏，坚持马克思主义新闻观的原则和方法，既注重政策脉络的历史性分析，也着眼于前沿业态的现实考察，试图为当下媒体深度融合发展提供实践参照。全书结构清晰，特别注重实践经验的规律性提炼，在阐释媒体融合发展方法论过程中切实强化问题意识、强调技术理性、坚持效果导向。这些得益于本书作者长期扎根视听主流媒体新业态转型实践并跟踪研究媒体融合发展的宝贵经历。

值得注意的是，本书的研究视域并未局限于传媒业自身变革，而是立足国家治理现代化总体布局，深入探讨媒体融合对社会文化生态的重塑作用。“媒体 + 问政”破除政民对话壁垒、“媒体 + 智库”推动知识普惠传播等创新模式的研究，揭示了新型主流媒体向综合服务体转变的战略价值，特别是在乡村振兴等重大主题报道案例中，主创团队通过实地调研收录了诸多鲜活的基层原创经验，展现出中国特色媒体融合发展模式下“相融共赢”的生动实践。此外，本书在案例研究中特别注意区分中央媒体、省级平台与基层机构的差异化发展路径，通过城市台融媒体中心建设的“下沉战略”、县级媒体“新闻 + 服务”的本土化实践等样本分析，勾勒出层次分明、重点突出的全媒体传播体系建设路线图。这种既见树木又见森林的辩证视角，对于破除“大水漫灌”式的改革思维具有积极的作用。

新时代新征程，媒体融合发展的内涵外延仍在持续深化。从先进技术集成应用到主流媒体系统性变革，从国际传播能力建设到网络安全生态治理，每一项任务都是需要我们深入探索的课题。期盼本书的学术观察和实践思考，能为构建全媒体传播体系、推动媒体深度融合发展提供有益借鉴，期待更多理论工作者和从业者共同参与这场持续演进的传媒变革，在守正创新中谱写媒体深度融合发展的时代篇章。

曾祥敏

中国传媒大学电视学院党委书记、教授、博士生导师

2025 年 4 月于中国传媒大学

前　言

回顾十年来媒体融合历程，技术发展日新月异，融合政策推陈出新，传播格局深刻变革。在技术创新、政策实施、行业发展的相嵌互动中，我国媒体融合驶入纵深水域，媒体融合不再局限于不同媒介形式之间的相加，而是走向“全媒体传播体系建设”的深度相融。

从技术脉络来看，技术革新推动媒介形态不断变化，也为媒体融合发展不断提供新的机遇。从 20 世纪 90 年代开始，传统媒体为适应互联网和数字技术的发展，便开始尝试利用数字技术来拓展其传播渠道，但媒介之间的融合程度仍然较低。进入 21 世纪，随着互联网的快速发展，社交媒体、视频网站和新闻聚合平台等互联网平台开始兴起。这些平台的出现改变了人们获取信息的方式，促使传统媒体开始与互联网媒体融合。2010 年之后，随着智能手机的普及和移动互联网的发展，移动媒体成为媒介融合的重要驱动力，催生了移动客户端、应用程序和短视频平台等新媒介形态，我国进入移动媒体时代。媒体融合逐渐从传统媒体视域扩散至多媒体视域，并且利用用户标签的内容分发实现了社交化传播。近年来，大数据、人工智能、5G/4K、VR/AR 等新兴技术的出现，重新定义了生产者和用户之间的关系，颠覆了原有的新闻生产方式，极大拓展了信息传播渠道，重塑了整个媒体生态格局，推动媒体行业在研发、生产、分发、经营等方方面面实现前所未有的“大融合”。

从政策脉络来看，稳步推进的融合政策为媒体融合发展指明了方向，也对媒体融合的质量和深度提出了更高的要求。2013 年 8 月 19 日，在全国宣传思想工作会议上，习近平总书记就宣传思想工作的手段创新，提出“加快传统媒体和新兴媒体融合发展”。2014 年 8 月 18 日，中央全面深化改革领导小组第四次会议审议通过《关于推动传统媒体和新兴媒体融合发展的指导意见》，为媒体融合构建了制度框架和顶层设计。自此，“媒体融合”从传统媒体应对新媒体发展的自救之策正式上升为国家重大战略部署。2016 年，党的新闻舆论工作座谈会后，推动传统媒体与新兴媒体从“相加”到“相融”成为新的政策焦点。同年 7 月，国家新闻出版广电总局就发布了《关于进一步加快广播电视媒体与新兴媒体融合发展的意见》，要求实现广播电视媒体与互联网从简单相加迈向深度相融的根本性转变。2022 年，习近平总书记在党的二十大报告中对媒体融合作出“加强全媒体传播体系建设，塑造主流舆论新格局”的指示，标志着媒体深度融合发展已从顶层设计进入全面推进落实的新阶段。加强全媒体传播体系建设是时代命题，在服务国家战略、完善媒体业态布局、引领媒体改革方向、实现功能提升等方面具有重要意义，为视听传播生态转型提供了发展基础、前进方向和根本动力。

在技术与政策的双重助推下，视听传播格局深刻变革，探寻视听业态的全新转型刻不容缓，推动媒体融合纵深发展势在必行。面对媒体融合的新机遇与新要求，广播电视媒体“打铁必须自身硬”，首要任务就是加快自身转型升级，把握媒介环境新变化，积极拥抱新技术，全方位提升核心竞争力，更好地适应市场需求和受众需求。媒体融合不仅是技术手段的融合，更是传播理念、内容生产、运营模式的全方位深度融合。广播电视媒体必须充分实现资源共享、优势互补，加强不同媒体之间的合作与交流，打造全媒体传播矩阵，加快建设全媒体传播体系。同时，面对风云变幻的国际环境，广播电视媒体还需要加强国际化传播能力，深化与国际媒体的合作，升级国际化的表达方式和传播手段，提升中国媒体的国际影响力。总之，只有不断创新、积极探索，才能适应这个变革的时代，才能实现广播电视媒体的可持续发展。

从媒体融合到媒体深度融合，“深度”二字对主流媒体的融合发展工作提出了新要求，党的二十大报告指出要“加强全媒体传播体系建设，塑造主流舆论新格局”，进一步为媒体深度融合工作指明了方向。湖北广播电视台深入贯彻落实习近平总书记关于媒体融合发展工作的重要论述，围绕“深度”二字做好改革攻坚文章，按照新要求新部署，确定了“主流新表达、传播新矩阵、垂直新生态、发展新格局”的思路，建立一体化的组织机制和集约化的生产体系，推进生产关系变革，运用市场机制打造技术先进、特色突出、用户众多、自主可控的长江云平台，培育优质内容品牌，着力构建符合媒体深度融合规律的良好生态环境和发展格局，在奋进新时代伟大征程上努力建设具有强大传播力和影响力的新型主流媒体，扎实走好媒体融合的下半场。

基于此，本书梳理媒体融合学界理论和广播电视业界实践，持续深挖全媒体传播体系建设的潜力与价值，理论结合实际，探究媒体融合背景下视听业态转型的核心要点和可行路径，尝试为广播电视行业媒体融合发展提供一定的借鉴和指导。基于现有研究和案例实践，本书以媒体融合背景下视听行业的机遇与挑战为起点，分别从“主流新表达”“垂直新生态”“传播新矩阵”“发展新格局”的视听转型“四新”维度，围绕广播电视媒体如何“加速激活视听内容生产力与社交传播力”“充分实现多级媒体共振与地方服务连接”“持续深耕本土化与国际化视听传播双渠道”“不断优化技术基础建设与视听产业格局”进行具体讨论。在此基础上，本书从内容生产、人才培养双重顶层设计出发，立足当下，放眼未来，为加快媒体深度融合实践，建设全媒体传播体系，打造具有强大传播力和影响力的新型主流媒体建言献策。

目　录

第一章

立足当下：媒体融合背景下视听行业的发展境遇

2013年，我国的媒体融合发展进入快车道，媒体融合的发展为视听行业的转型注入新的活力。如今，媒体融合环境面临着双重变化。一方面，传播技术发展改变了传媒生态。大数据、云计算、VR等新兴技术改变了传统生产的传播内容、传播方式、组织形式等诸多方面。另一方面，新旧媒体竞争与合作创造新业态。媒体融合在经历第一个十年之后继续向纵深发展，传统媒体借力新媒体优势，开辟出媒体融合新阵地。媒体融合发展环境的变化为媒体融合背景下的视听行业发展提出了新的要求。

面对新媒体的强势崛起和媒介生态的大变局，中央电视台等国家主流广播电视媒体突破传统束缚，逐渐实现从传统广播电视向国际一流原创视音频制作发布的全媒体机构转变，以认知升维激发内容创作的革命性提升。[①] 各省、市、县的广电媒体也纷纷顺应媒体融合大势进行改革，努力在全新的视听传播环境中找到自己的立足之地。

一、时代发展向视听行业提出新的发展要求[②]

（一）融媒体时代的到来

融媒体是相较于多媒体而言的一个技术概念，约翰·帕夫利克认为，

① 肖频频．从顶层设计看中央广播电视总台媒体融合［J］．传媒，2023（23）：28-30.

② 部分内容参考了曹曦晴、谢莎发表于《新闻战线》2021年第22期的文章《媒体智能化转型的五大关键——以湖北广播电视台实践探索为例》。

“多媒体是指文本、图片、视频、声音以及这些元素的链接和交互的混合体”。[①]从媒体的构成上来说，融媒体是充分利用媒介载体，把广播、电视、报纸等既有共同点，又存在互补性的不同媒体，在人力、内容、宣传等方面进行全面整合，实现“资源通融、内容兼融、宣传互融、利益共融”的新型媒体。在融媒体时代，广播电视节目创新成为媒体发展的重要命题。传统广播电视节目的形式和内容逐渐受到挑战，需要与时俱进地适应新的媒体环境和受众需求。[②]融媒体时代的来临不是被切片式的划定或断代式的定义的，而是随着媒体融合不断深入发展而形成并不断完善的。

无论是媒体融合 1.0 时代还是媒体融合 2.0 时代，行业发展更多呈现“叠加”而非“融合”的状态。在这两个阶段中，我国媒体融合的政策也多停留在媒介终端、传播渠道、融媒体中心建设等层面，关注的是怎么以最快的速度、最高的效率实现最好的信息传播效果，强调的是一种简单的、暂时的传播介质的融合。2014 年，人民日报社开始发展新闻客户端、“中央厨房”全媒体平台和数据中心三大媒体融合项目，掀起了国内中央媒体加快建设新闻客户端、采编平台、数据中心等项目的热潮；2016 年 2 月，习近平总书记在党的新闻舆论工作座谈会上强调“融合发展关键在融为一体、合而为一”，为我国媒体融合发展指明了方向；2017 年 5 月，中共中央办公厅、国务院办公厅印发《国家“十三五”时期文化发展改革规划纲要》，提出“扶持重点主流媒体创新思路，推动融合发展尽快从相‘加’迈向相‘融’，形成新型传播模式，支持党报党刊、通讯社、电台电视台建设统一指挥调度的融媒体中心、全媒体采编平台等‘中央厨房’，生产全媒体产品”“形成一批新型主流媒体和主流媒体集团”等任务，再次明确了媒体

① 帕夫利克．新媒体技术：文化和商业前景［M］．周勇，张平锋，景刚，译．北京：清华大学出版社，2005：126.

② 丁珧．融媒体时代广播节目的创新之路：以《朋友请听好》为例［J］．传媒论坛，2023，6（24）：55-57.

融合的目标与计划；2018 年 7 月，中央全面深化改革委员会第三次会议审议通过《关于建设新时代文明实践中心试点工作的指导意见》，要求“县一级建立新时代文明实践中心”，加快文明实践阵地建设；同年 8 月，习近平总书记在全国宣传思想工作会议上的讲话首次将县级融媒体中心建设上升至国家战略层面。

而进入 Web 3.0 时代，“传播”不再单指信息的传递，而是社会共同体构建和维系的重要纽带，媒体融合的意义也发生了重大的变化。2019 年 5G 技术商用牌照发放以来，在新兴技术赋能与新媒体赋权双重作用下的媒体融合呈现全新特点和发展趋势，我国传媒政策也主要围绕媒体大融合背景展开，如县级融媒体中心建设、新型主流媒体建设等。以 5G、AI、物联网等技术为代表的新一轮科技革命不仅是媒体行业生态变革的核心动力，也是我国数字政府与智慧社会建设的“新增量”，利用技术赋能、流量赋能、场景赋能，凭借内容创新、技术创新、模式创新、渠道创新，推动内容、渠道、平台、管理、产业一体化发展，打造全媒体发展体系，是媒体融合 3.0 时代的新任务。

2019 年 1 月 25 日，中共中央政治局第十二次集体学习对媒体融合与全媒体传播体系建设作出顶层设计，正式提出构建以中央、省市、县级媒体为架构的现代化融媒体体系；2020 年 11 月 3 日，《中共中央关于制定国民经济和社会发展第十四个五年规划和二〇三五年远景目标的建议》全文发布，对媒体深度融合、全媒体传播、县级融媒体中心建设作出重要部署，同时，中国 5G 技术、通信技术的发展为互联网基础设施的建设奠定了根基，也为媒体融合的发展创造了新的机遇，促进媒体融合在不断地摸索与实践中走向以数据为核心、以技术为底座的巅峰时代；2021 年是媒体融合作为国家战略整体推进的第八年，也是根据中宣部要求基本实现县级融媒体中心全覆盖的第一年，“十四五”规划明确指出当前媒体深度融合战略的方向目标，即“推进媒体深度融合，实施全媒体传播工程，做强新型主流媒体，建强用好县级融媒体中心”。在中共中央办公厅、国务院办公厅印发的《关于加快推进媒体深度融合发展的意见》指导下，主流媒体探索深度融合发展的路径与方向愈发清晰。

在 Web 3.0 时代，媒体融合将重构媒介结构，推进用户、终端、内容、服务、产业交融的生态圈建设。媒体的边界将会逐渐淡化，各种媒体彼此借鉴、取长补短、共生共融。手机、电脑、平板甚至智能家居等媒介终端会继续强化媒体服务功能、满足受众的多样化需求、强化场景布局与渗透、扩张社交群体与网络、实现大小屏联动的“智慧化”数字生活……在这样一个数字化的信息时代，所有的媒体都会加快生态闭环的构建，完善社群服务的链条，提升自身的融合功能，重塑整个社会的传播空间，大数据、云计算和移动技术、传感技术、智能技术将得到更为广泛的应用，越来越多的新闻聚合应用软件和移动程序会渗透到媒体日常运行之中。基于数据和技术共享之下的媒体融合，把人、物、数据、内容、终端以极具效率的方式实现了无缝连接，创造了一个更具活力的传播生态。在这种背景下，媒体融合不是局限在渠道、终端、机制、平台、内容等单一领域的融合，而是涵盖了诸种因素的生态型融合。[①]

（二）市场环境变革与视听格局重塑

视听传播生态系统是一个不断发展演变的系统，受到技术、市场、政策、文化等多重因素影响。[②] 在媒体深度融合的当下，尤其是在数字平台依托渠道霸权全面整合视听全产业链的背景下，视听产业的平台化进程倾向

① 江飞．媒体融合将步入 3.0 时代［J］．新闻战线，2017（9）：110-111.

② 韩诚，韩岳．5G 前景下视听传播生态演变研究［J］．当代电视，2020（2）：88-92，112.

于一种整合性模式。[①] 市场环境中诸多要素的变化与重组，为视听业态的发展提出了新的要求。

1. 用户需求倒逼改革，政策推动市场转型

在数字视听时代，观看者、生产者、平台以及技术系统都被卷入连接网络中，连接观看成为主流观看模式并重构以电视为主导的视听文化秩序。[②] 用户观看方式的变化不仅改变了用户的介入视听生产的方式，更象征着用户对于视听生产介入的权利不断增加。以用户的浏览量、阅读量、点赞量作为衡量视听产业发展的重要量化指标，逐渐实现了用户对于视听内容的“注意力决策”规则。这要求视听生产者回到用户的需求当中，生产贴近生活、为用户所喜闻乐见的视听文化产品。在媒体融合的背景之下，尤其强调视听生产中多元传播方式的应用与融合，声画相融，虚实结合。

《广播电视和网络视听“十四五”发展规划》将云转播、超高清、高新视频、网络新业态等一批入库项目及所代表的产业领域作为“十四五”时期规划引领产业高质量发展的重要方向，明确提出要持续完善广播电视和网络视听产业发展项目库，通过完善产业项目支持引导政策体系，遴选储备、示范推广一批对产业发展具有重要影响和促进作用的产业项目，集聚生产要素、拉动投资增长、促进文化信息消费，提升综合竞争力。[③] 国务院办公厅印发的《“十四五”文化发展规划》提出要“巩固壮大主流舆论”，国家对媒体深度融合发展提出了一系列的重要论述及发展图景，说明媒体深度融合将是未来发展的重要方向。推动媒体深度融合发展的战略目标是

---

① 姬德强，白彦泽．流通、消费与治理：视听产业平台化转型的政治经济学［J］．编辑之友，2023（1）：38-44.

② 黄世威，王玉玮．数字视听时代的连接观看：内涵演进、生成机制与文化意蕴［J］．当代电视，2023（12）：34-40.

③ 苗勃，顾建国，陆忠强，等．充分发挥优质项目引领带动作用 推动广播电视和网络视听产业迈向新征程［J］．广播电视网络，2023，30（7）：12-19.

建立以内容建设为根本、先进技术为支撑、创新管理为保障的全媒体传播体系。[①] 政策的引领为媒体融合背景下视听产业的发展提供了更加开放和宽松的发展环境，更为视听业态建设指明了向纵深方向发展、综合生产要素、促进文化消费、提升国家综合竞争软实力的发展方向。

2. 数字化技术赋能思想宣传工作

党的十八大以来，习近平总书记围绕数字经济发展、数字政府建设、数字化改革等提出了一系列战略性、前瞻性、创造性的重要论述，深刻阐明了数字化发展的趋势和规律。数字化赋能宣传思想文化工作，既是社会信息化持续推进的大势所趋，也是新时代宣传思想文化工作守正创新的关键抓手。

数字化赋能是应对新阶段、新挑战、新任务的必修课。党的二十大报告对加快建设网络强国、数字中国作出新部署新要求，数字化已然上升为国家战略。以信息技术为代表的新一轮科技革命和产业变革突飞猛进，为推进中国式现代化提供了强大发展动能。国家网信办发布《数字中国发展报告（2022 年）》指出，2022 年，我国在用数据中心算力总规模、数据产量均位居世界第二，数字经济规模总量稳居世界第二。广播电视作为技术密集型行业，具有天然的数字化基因和优势，更应当主动下好“数字化”的先手棋。群众上了网，宣传思想文化工作的环境、对象、范围、方式都发生了巨大变化，这也是媒体融合课题的“紧迫”所在。而数字化则是推动“主力军进入主阵地”的重要基础。

数字化赋能是应对新挑战、新变革、新生态的必选项。从舆论生态上看，主流舆论面临多元化挑战。当前，抖音、微博、微信和移动终端已经

① 新华社 . 中共中央办公厅 国务院办公厅印发《“十四五”文化发展规划》[EB/OL] .（2022-08-16）[2023-09-01] . http://www.gov.cn/zhengce/2022-08/16/content_5705612.htm.

成为重要的“信息集散地”和“民意市场”。网络传播及时广泛，网络观点多元多变，舆情演变迅速多样，也给舆论引导带来了挑战。数字化技术应用能更好地帮助我们采集舆情热点、分析社情民意、找准传播落点，并对网络舆情做好预测、追踪、监控和应急处置工作。从传播效能上看，主流传播遭遇“信息茧房”。新媒体的智能推荐和个性化定制，为用户编织了一个个“信息茧房”。我们的传播，不再只关注“讲什么”，还要更加关注“对谁讲，怎么讲”，如何突破“茧房”触达受众。这些都需要通过数字化技术，以党媒算法推动“破茧”。

从媒体格局上看，主流媒体受到多重冲击。一是媒体边界不断被打破。2021 年，我国有 970 万人从事自媒体行业，其中兼职人数就超过了 600 万，几部手机便可以实现现场连线、网络直播等传播样态。同时，随着汽车、医疗、教育、商业零售等行业与互联网的深度融合，文化经营、广播电视节目制作已经不再是广电媒体的垄断优势和专利特长。二是受众关系不断重构。在“强连接”的新生态下，新媒体对用户“衣食住行”方方面面的行为习惯都了如指掌，能够分析出每一个用户的收入、消费能力、爱好、需求等精准的个人模型，这是传统媒体不具备的能力。三是媒体“数字贫富差距”越拉越大。媒体之间的“马太效应”正逐步演变为一种“数字贫富差距”。总台央视、湖南广电、浙江广播电视集团等头部主流媒体的领先发展也说明：数字化程度越高、新媒体转型越快、网络视听产品越多的广电媒体，经济增长越快，产业发展越好。

数字化赋能是宣传思想文化工作的有利条件和核心关键。数字化赋能下，宣传思想文化工作不再受限于特定的时间、地点、传统载体，而是融入 24 小时日常社会工作生活的方方面面，无处不在、无所不及、无时不有。不仅有力拓展了宣传思想文化工作的时空维度、丰富了信息载量、增强了多方合力，还有力提升了宣传思想文化工作覆盖效能。在数字化加持下，丰富了宣传思想文化工作从“线下”到“线上”、从“面对面”到“键对键”的不同应用场景。同时，基于全效媒体，可以清楚地知道受众是谁、受众在哪，不仅帮助提升了宣传思想文化工作的覆盖广度，也有助于提升传播精度和工作效度。

随着数字经济时代的到来，以广电网络和网络视听为代表的视听行业，在国家数字经济战略和“智慧广电”战略下，面临着产业要素与各行业领域相互渗透融合的发展机遇。[①]2019 年 11 月 20 日，首个国家级 5G 新媒体平台“央视频”正式上线，中央广播电视总台借此成为国内第一家建设 5G 智能化媒体中台的主流媒体。各省市级媒体以及县级融媒体中心也都在发力全媒体传播体系“中央厨房”“智慧中枢”“智能中台”建设，推动主流媒体向智媒化转型，为新时代宣传思想文化工作的精准传播创造了有利条件。

《“十四五”数字发展规划》《“十四五”文化发展规划》等国家规划均提出，要加快发展数字影视、沉浸式视频、云游戏等，改造提升传统文化业态。[②]这要求广电平台要以全面数字化为目标，着力促进视听产业多维多向发展，通过修炼“数字化”内功，实现以大屏为中心的能力体系向大视听能力体系转变，不断提升自身视听生产和媒体融合的建设力。湖北广播电视台打造了 IPTV 智能媒体资源管理系统，借助该系统探索新的业务模式和运行模式，进一步提升媒资内容来源、应用模式、发展方式、服务方式的智能化转变，逐步实现从“政策主导”向“市场驱动”“用户驱动”的模式转变，通过智能化手段为用户提供多样化、层次化、个性化的内容服务。

---

① 徐玮 . 数字经济时代智慧广电的产业机遇与“视听 +”模式［J］. 传媒，2023（7）：43-45.

② 万沪金 . 以全面数字化推动大视听高质量发展［J］. 广播与电视技术，2023，50（11）：13-16.

（三）新旧媒体相遇要求实现优势互补

2014 年出台的《关于推动传统媒体和新兴媒体融合发展的指导意见》强调，推动传统媒体和新兴媒体融合发展，要遵循新闻传播规律和新兴媒体发展规律，强化互联网思维，坚持传统媒体和新兴媒体优势互补、一体发展。

新技术、新应用推动传统媒体的信息传播渠道发生重大变革，随着微博、微信等社交平台和今日头条、网易资讯等信息聚合、智能分发移动终端的强势崛起，媒体生态结构被整体重塑，传统视听行业在传媒形态、运营模式、内容生产、市场格局等方面都正在经历一场颠覆性的深度蜕变。新媒体呈现出视频化、移动化、社交化、碎片化的趋势，同时彰显出时效性、互动性、趣味性等优势，弥补了视听行业传统传播方式的缺陷，多渠道、多屏幕、跨行业的交融聚合成为视听媒体打破产业边界和竞争壁垒、实现资源与内容共享的重要发展态势。但正如前文所言，传统广电媒体与新媒体有各自的优缺点，新旧媒体的相遇并不意味着一方的崛起与另一方的消失，新旧媒体的并存亟须视听行业在转型过程中做出改变，合理利用新旧媒体各自的优势，并借此机会扩充节目内容、创新节目形式、拓宽传播渠道、提高传播速度、扩大传播范围，增强其在社会的认可度，实现传播效果的最大化。

根据广电总局发布的《2022 年全国广播电视行业统计公报》中的数据，2022 年我国有线电视网络整合与广电 5G 建设一体化发展取得突破性进展，广电 5G 网络正式开通运营，广电 5G 用户超过 550 万户。全国有线电视实际用户 2.00 亿户，同比下降 1.96%；有线电视双向数字实际用户 9820 万户，同比增长 1.23%；高清和超高清用户 1.10 亿户，与去年基本持平，高清超高清视频点播用户 3981 万户，占点播用户的比例达 94.43%；

智能终端用户 3745 万户，同比增长 12.63%，全国交互式网络电视（IPTV）用户超过 3 亿户，互联网电视（OTT）平均月度活跃用户数超过 2.7 亿户，互联网视频年度付费用户超过 8 亿户，互联网音频年度付费用户 1.5 亿户，短视频上传用户超过 7.5 亿户。由此可见，媒体融合的实践已经深度融入了大众的日常生活，广播电视行业正在与互联网寻找着契合点，在前进的过程中也演绎着新旧媒体的碰撞与互补。

1. 人人都是内容创作者和传播者

从内容创作层面来看，大数据时代新媒体的传播者不再是专业的媒体从业人员，互联网的存在使得内容制作和传播的门槛大大降低，其专业化界限逐渐模糊，只要能够进入互联网的用户，都能成为媒体人，成为传播者。随着新媒体的出现、广播电视制作新技术的推广和普及，轻松自由的发声环境和便捷的媒体操作使得草根创作者们更能赢得受众的青睐，传统视听行业在很大比例上属于主流媒体，它们客观标准、严肃正统的话语体系与内容风格难以留住新媒体环境中的用户。在此情况下，传统视听行业的传播主体的地位在无形中被削弱，专业的媒体精英和广播电台、电视台等专业广播电视节目制作与传播机构的地位开始动摇，“去中心化”趋势愈加明显。在技术被个人和组织广泛利用的大背景下，传统媒体需要在发挥其自身优势的基础上，将智能化作为内容生产的底层逻辑，将新技术运用于内容生产全流程，从策划、采写、编辑、分发等各个环节和场景着手实现广电媒体的融合转型。

新媒体的市场定位更加符合受众需求，节目更具备独特、多元、亲民的色彩，也因此能够获得越来越多人的青睐。与传统视听行业主要播出新闻资讯类节目有所不同的是，新媒体节目还为人们提供生活服务类、影视戏剧类等多样化内容，努力满足不同受众人群的喜好。与此同时，由于视频制作技术的推广和互联网空间的开发，越来越多的普通民众参与到节目制作中来，人们通过手机、相机等设备记录下身边的有趣见闻，以短视频、微电影或者毫无加工痕迹的片段等形式发布在网上，让更多人看到自己可能忽略过的生活美景，或是传统广播电视不曾播出过的有趣瞬间。近年来，抖音、快手等短视频应用的火热更是为 UGC 提供了平台支持，不少知名博主因此进入大众视野，为视听行业的发展转型注入新鲜血液。但值得强调的是，没有接受过专业训练的普通网民虽然能为视听行业的转型带来新的活力，但互联网自由的特性也使得用户发布的新闻资讯类内容的真实性和准确性得不到保障，这就要求广电媒体在面对复杂的信息来源与嘈杂的传播环境时，主动担当起信息审核、验证、过滤的责任，既要站稳传统媒体客观真实的脚跟，又要紧跟时代的步伐。

2. 从单向到双向的内容传播模式

从内容呈现层面来看，新媒体和 VR、AR 等新技术使得传统电视节目能够以全新的表现形式呈现到观众面前，给予观众与以往截然不同的观看体验。随着媒体融合的推进，网络互动类节目越来越受到认可，大大提高了观众对电视节目的参与度，也改变了传统电视媒体的传播方式，从“节目—观众”的单向传播模式转变为“节目—观众—节目”的共同参与的双向传播方式。受众认可度成为评判节目质量和发展前景的一大标准，传统媒体信奉的“内容为王”理念逐渐过渡转型为内容建设与渠道建设的结合。

实质上，新媒体依然重视内容，强调内容原创性，但是仅仅依靠内容是远远不够的，新媒体平台的同质性、信息过载等使得纯粹的内容吸引力不断减弱，还需要建设强大的传播矩阵。从应用终端到信息技术，从基础设施到关系建设，破除受众与广播电视之间的沟通障碍、体现视听行业的互动性、亲民性，才是媒体融合背景下视听行业转型的基石，是新节目、新内容、新形式、新样态得以顺利呈现在受众面前、视听行业能够及时获得受众反馈的关键。

3. 移动终端变革信息接收方式

从内容接收层面来看，随着媒体融合程度的不断加深，越来越多的新兴媒体开始影响人们的日常生活。广播电视主要是单方面为受众传播新闻信息和资讯，虽然会涉及民众议论和关心的话题，但绝大多数话题并不能提起受众兴趣，再加上与受众的交流互动较少，难以满足人们的信息需求。而新媒体有着较强的互动性，用户在浏览新闻信息的同时，可以及时反馈自己的意见和看法，传播者也可以通过后台数据实时跟踪节目的发展态势，从而提高收视率。

从宏观层面来看，电脑、手机、平板电脑、电子书阅读器等终端的出现对传媒业产生了深远的影响，网络提供了人们所需的大部分信息，网络电视和微博、微信等形形色色的网络新媒体遍布人们的生活，网络电视、交互式网络电视（IPTV）、移动电视等得到了越来越多用户的认可。从微观层面看，APP 的出现简化了获取信息的路径，降低了获取信息的时间成本，重组了传统互联网上的信息与服务，颠覆了用户的媒介习惯，因此带来了信息获取方式的变革，冲击着传统视听行业的发展模式。

目前，尽管不少传统广播电视栏目都推出了相应的 APP，但用户规模和普及速度一直未能实现较大突破，如何能够得到用户认可是一大难题，大部分受众仍然将广播电视划为传统主流媒体行列。此外，除了开发 APP，广播电视想要“入驻”互联网空间还需要加强多渠道多层面的推广，比如建立依托聚合性平台，利用其高普及率和庞大的用户关系链，实现移动终端方面的初期业务拓展与扩张。

在媒体融合的发展进程和视听行业的转型过程中，“新媒体”与“传统媒体”两个概念的界限日渐清晰，我国的社会语境习惯性地用前者来泛指“互联网 +”时代下的信息传播载体，而用后者来代指互联网技术还未普及或尚未完全发展时期的、相对落后的信息传播载体。实质上，新旧媒体并不是截然相对的两个概念，也不是非黑即白的优劣势对立体，而是需要不断交融、平等的信息传播载体。新旧媒体的相遇促使广播电视节目的播发途径不断拓展，节目内容和制作主体越来越多样化，制作过程更加关注互动性和新技术的运用，同时也倒逼着广播电视节目的质量不断提高。无疑，新媒体交互性、个性化、开放性、时效性等特点能够有效弥补传统媒体在信息传播过程中所具有的形式单一、途径受限、交流单向、语言官方、信息延迟等问题，为信息的传播与接收带来更多的便利。但不可否认的是，由于受众群体的广泛，不论是传播者还是受众，其水平和素质也都是参差不齐。又因言论的不可控性，新媒体所具有的优势往往会成为一把双刃剑，在促进新媒体发展的同时，也会阻碍新媒体的优化与完善，污染媒介生态环境。当前新媒体的发展日趋“社交化”“空虚化”，并有“娱乐至死”的趋势，我们必须客观地审视新媒体的发展。

新媒体时代，视听行业的转型需要重新审视新旧媒体的优劣势，既要合理利用新媒体的优点，又不能毫无顾虑地信任新媒体而放弃对传统媒体的使用。在媒体融合的过程中，在新旧媒体的相遇中，视听行业更要健全管理体系、完善责任制度、建设一套适合自身的传播与经营模式，从而在转型过程中走得更加平稳顺利。

（四）用户需求提高要求促进产业融合升级

新旧技术的更迭与新旧媒体的相遇使媒介生态环境被颠覆和重构，视听行业要想在转型的十字路口选择正确的方向，其核心是关注用户需求。在长时间的媒体融合进程中，我们不难发现，广电媒体仍然受到传统发展模式的牵制，跟不上互联网、人工智能、大数据、5G 等新技术的普及速度。随着新技术的不断涌现，视听受众的目光也发生着天翻地覆的变化，他们渴望在更自由更宽松的时间和地点获取更丰富更有价值的信息资讯，渴望打破媒体与媒体的限制实现跨媒体甚至是全媒体之间的应用对接，渴望用更多元、更创新、更有趣的内容形式来填补枯燥的生活。在此情况下，传统视听行业要做的不仅仅是媒体的融合，更是产业的融合。《中国广电"十四五"规划发展战略和2035年远景目标纲要》中也提出，未来五年中国广电要"打造智慧广电媒体、发展智慧广电网络"①，在媒体格局大变革的信息时代，如何实现视听行业"智慧转型"、满足用户新需求成为发展的关键。

1. 媒介技术创新融合

技术是媒体发展的动力，是传媒生态和媒介环境发生改变的底座。功能和形式各异的媒体之所以能实现融合，不同行业之间之所以能够协作发展，正是因为技术的创新与升级打破了这之间的技术区隔。在用户对产业融合拥有高标准高要求的背景下，视听行业应当积极建设广电云、数据中心、CDN等基础设施，形成数字化、智能化、信息化的云资源储存地和新型全媒体体系，整合跨地区、跨平台的算力资源，构建数据中心、云计算、大数据一体化的新型算力网络体系，搭建有线与无线相结合、台网一体的融合技术体系，开发跨区域、跨媒体的数字化广播电视应用，推动广播电视、通信技术和互联网的深度融合。只有这样，视听行业才能触及用户需求端，得到受众的认可与信任。

在2016年的两会报道中，湖北广播电视台就依靠技术创新推出了中国首个机器人记者"云朵"，让观众能够通过电视屏幕与代表委员进行对话；此外，湖北台推出了《跟着总书记看长江》《跟着总书记看中国｜春日江湖更AI意》等作品，还利用AR和全息投影技术还原刘伯坚、恽代英、毛慈影、夏明翰、方志敏五位革命先烈形象，实现历史与现代的"跨时空对话"。不仅如此，湖北广播电视台还以5G、VR、AR、MR、8K、AI等新

---

① 庄传伟.技术驱动·边界消融·关系重构：广电网络行业"智慧转型"的实践维度［J］.传媒观察，2022（11）：58-66.

技术为支撑，建立了长江文创产业园，有效推动虚拟现实、智能机器人等视听新业态的亮相，为湖北视听行业迈向全新的智能化生态圈做出重大贡献。

2. 升级集约化生产模式

视听行业新业态转型需要由“粗放式”走向“集约式”。具体而言，以往的广播电视无论在节目制作还是监管方面，大多比较随意粗放，难以达到预期效果。在技术创新的基础上，要想充分发挥不同技术各自的优势，就要找准不同技术的发力点，结合不同特性用于不同的媒介环境和媒体应用。所谓“集约式”发展，指的是在视听行业的转型过程中更加强调资源的合理运用与调配，从而提高节目制作与监管的效率，并达到更高的社会效益。

以长视频平台为例，尽管视听行业在转型过程中崛起了如腾讯、爱奇艺等一系列网络视频平台，在巨额的版权费用等经营压力下，这些平台仍然面临着亏损，在高额的会员费和具备天然缺陷的商业模式等弊端下，用户黏性不断降低，也难以拓展新用户。这意味着，如今网络视听行业的市场已经接近饱和，如果继续硬着头皮挤进互联网市场，不仅面临极高的生存压力，更难以满足受众的需求。机遇与挑战并存的转型之路要求视听行业从“大锅饭”转向“开小灶”，聚焦5G、AR、VR等新技术的市场痛点，找准目标用户群体，开发有针对性的内容，提供有针对性的服务。比如，湖北广播电视台就利用大数据分析、人工筛选等方式对目标用户的需求进行了分类整理，在策划与创作过程中生产出更多有创意、有个性、有价值的内容，为不同群体的受众提供更具针对性的内容服务，实践着“用户至上”的发展理念。

3. 满足用户个性化需求

视听行业需要更具针对性，满足用户的个性化需求。在视听行业的转型过程中，同质化现象愈加严重，无论是节目内容还是网络新媒体应用都大同小异。如何围绕内容开展多渠道的技术创新、如何针对市场痛点开发新应用、针对用户的多样化需求提供有针对性的服务，是视听行业必须思考的着力点。这是一个深度数字化的时代，用户对媒体的期待是和社会文化需求紧密相连的。对广电行业来说，需要其从单纯的渠道供应商向内容提供商、技术服务商转型，实现跨界、跨行业融合，积极引入并有效整合数据、信息等多方资源，围绕不同用户、不同行业、不同场景下的需求来拓宽不同新媒体应用的服务范围和服务类型，提供有针对性的服务，构建以广电媒体为枢纽的社会服务生态，增强内容传播力，满足用户的文化需求。

比如，湖北长江垄上传媒集团搭建了乡村振兴传播体系，将消费扶贫融入新媒体实践，助力脱贫攻坚、促进乡村振兴；“湖北经视”立足民生需求、深耕社区，构建了“万场社区大舞台 + 经视强国号”的社区生态链，以“屏 + 网 + 端 + 微 + 惠民文化平台”等多平台形式传播基层好声音、汇聚社区正能量，有效整合来自各个新旧媒体平台的信息资源、触及不同的社区场景和用户人群，筹划开展“经视大舞台·社区天天乐”、湖北省老年人健身操大赛等文化惠民、文化公益活动，实现了社区网格群的建立与贯通，更丰富了百姓的娱乐和精神生活；湖北之声在 2021 年两会报道期间与长江云合作推出新媒体产品“我向代表委员提个问”，鼓励网友们积极向代表委员提问；针对老年受众群体推出《老年天地》节目，以网络诈骗、退休生活等为重点话题，让老年人充分感受到社会的关怀。

二、视听行业在媒体融合实践中面临新的挑战

随着数字经济时代的到来，媒体环境发生翻天覆地的变化，传统视听

行业在网络视听产业的压制下面临着转型危机，用户规模、经营模式、收入构成等都亟须广电媒体适时革新，找准新媒体时代的正确出路。近年来，网络视听、智慧广电等业务占据了视听行业收入的主要部分，2021 年网络视听业务收入已高达 3594.65 亿元，IPTV、OTT 等智慧广电业务收入也高达 1085.70 亿元，而传统有线电视网络收入仅为 734.56 亿元，且下滑趋势明显。此外，随着爱奇艺等视频平台、喜马拉雅等音频平台的日益成熟，网络视听用户规模不断扩大，2021 年全国网络视频年度付费用户达 7.1 亿户，网络音频年度付费用户达 1.5 亿户，全国用户付费、节目版权等网络视听节目服务收入达 974.05 亿元。① 由此可见，在媒体融合的进程中，视听行业已经受到了来自互联网和新媒体的威胁，面临着前所未有的困境。

（一）重形式轻内容，融合效果“1+1>2”

无论是纸质媒体还是广播电视媒体，传统媒体在经营中大多秉持着“内容为王”的理念，但随着新媒体的不断发展和媒体融合进程的加速，“渠道为王”和“内容为王”的争论愈加激烈。随着新媒体的快速发展，技术逐渐成为评判和衡量传媒行业的一项重要标准，不少传统媒体为了追求快速高效的媒体融合进程，不断推进技术创新，盲目地将新闻或其他节目内容以高端的可视化形式展现出来。从短期来看，新颖的视觉呈现能够吸引受众的目光，提高内容的曝光度和关注度，但从长期来看，如果仅仅重视呈现形式的变化而不从作为根源的“内容”本身入手来进行调整改革与适时创新，是难以得到社会与受众的认可和支持的。

在广播电视行业转型的过程中，“内容为王”的理念并不能轻易改变。转型不是转行，优质的产品、精华的内容，仍然是视听行业站稳脚跟的关

① 黄田园，丁琪．广电和网络视听产业在转型发展中重塑与重构［J］．中国广播电视学刊，2022（11）：15-18.

键与根基。在信息“雪崩”的当今社会，受众接收信息的时间愈加支离破碎，受众在一个媒体上的阅读时间也更加碎片化，受众精力也在不断收缩。因此，受众希望在有限的时间内，阅读到更多、更有用的信息。换句话说，一方面，受众在媒体上花费的时间和精力都在大大下降；另一方面，他们对于内容的需求，无论是质量上，还是数量上都在急速提高。在这样的利益诱导下，广播电视很容易在媒体融合和转型过程中忘记了自己的定位和宗旨，完全向新媒体方倾斜，盲目追随大众口味成为“流量控”。

具体而言，首先，在内容生产方面，广播电视不能一味追求新媒体时代受大众青睐的“独家新闻”。相反，视听行业可以充分发挥传统媒体的优势，深耕内容质量，从“调查性报道”“解释性报道”“深度新闻评论”等独家视角出发，挖掘更深层次的信息，运用自身的专业优势对信息进行资源整合，在渠道拓宽的基础上继续深耕内容优势。比如湖北之声广播专栏《焦点时刻》就始终坚持“内容为王”的理念，坚守“主流党媒”的定位，立足本土需求、精选优质内容、整合传播资源、拓宽传播渠道、报道权威信息、倾听受众声音、强化舆论引导，产出了《档案里的党史故事》《对话长江看见中国》等精品内容，走出了一条独具特色的转型路。[①]

此外，广电媒体也需要在媒体融合和行业转型升级的过程中更加注重内容的原创性，形成差异化竞争优势。例如，湖北广播电视台以 2019 年推出的“鳄鱼 TV”为契机，促进媒体产品的创新，建设了“媒资精分系统”“4K 超高清专区”“红色媒资专区”“OTT 应用专区”四大精品项目，推动湖北广播电视行业向“互联网 + 电视”方向纵深发展；2022 年湖北广播电视台围绕党的二十大主题推出了《飞越荆楚》《汉水人家》等一大批别出心裁、立意深远的大型节目，同时在节目中广泛运用 AI、VR、XR 等智能技术，用原创性的精美内容向受众展示了广播电视媒体的独特力量。视

① 姜娜敏，洪杰文，柳芳 . 坚守“内容为王”凝聚广播声量：湖北之声《焦点时刻》的融媒体转型密码［J］. 新闻前哨，2023（5）：25-26.

听行业在融媒体转型中，不能仅关注技术和形式的创新，而是应该发挥传统媒体的优势，更加自觉高效地推动内容与用户之间的对接，建立以用户为中心的服务型媒体。

其次，广播电视容易陷入极端的技术运用或内容创新的漩涡，而忽视了形式与内容的统一。新媒体时代的优质内容有两个发展趋势，一个是“特供内容”，即具有独家性的内容提供；另一个是“集成内容”，即将已有内容通过一定的处理手段，实现内容的“二次开发”或“二次使用”。[①] 这告诉我们，新媒体时代的“信息”已经不仅仅拥有文字这一个表达形式，而是转向了文字、数据、音频、视频等多媒体甚至全媒体综合业务，新媒体的形式其实也是内容之一。当然，面对信息的极度膨胀，广播电视更应该坚守自身的专业优势，即内容质量，将自己打造成有效的“聚合平台”，进一步提高信息的价值，同时实现“广播”和“广收”的效果。

以湖北经视微信公众号为例，它并不像其他新闻资讯类公众号一样追求报道全国各地或全省等大范围内的新闻事件，而是着眼于社区，建设并深化社区属性，以“本地民生消息 + 国内趣味故事 + 社区动态 + 每日辟谣”为基本的运营框架，成为湖北人民的专属定制号。[②] 由此可见，广播电视在转型过程中既不能用不适当的高端技术生硬地嵌套传统内容，也不能聚焦内容的创新而忽视了形式的更新，要用更多元快捷的传播方式提升内容的传播时效，拓展传播范围和使用效益，更需要加强对内容运用好几十年来广电媒体独有的受众研究策略，强化受众数据的收集与分析。只有兼顾形式和内容，才能在媒体融合和行业转型过程中收获“1+1>2”的效果。

---

① 栾铁玫 . 广电媒体的融合化生存［J］. 视听界，2010（2）：34-37.

② 乔飞，汪艳 . 广电媒体深耕社区的转型之路探析：以湖北经视的实践为例［J］. 新闻前哨，2022（11）：20-21.

（二）转型桎梏过多，媒体资源分配不均

在媒介融合和视听行业发展转型的过程中，省、市、县在新媒体内容生产和融媒体产品供给方面，不平衡不充分的发展问题仍然比较突出。近年来，省级广播电视媒体不断推陈出新，打造各种类型的爆款节目以及网络影视剧和网络综艺节目等，但持续创新供给能力还不强，特别是高新视听内容和服务供给不足，节目热度大多持续短暂，难以形成长久的吸引力。同时，市、县级广播电视媒体迫于生产经营压力，大多将视线转移至“搞创收”“拉赞助”“打广告”等经济利益上面，而忽视了节目内容的创新，严重影响了内容生产和节目质量，导致新媒体运营陷入低位徘徊的恶性循环。不仅如此，地方融媒体中心同时面临着生产经营的压力和创作能力的瓶颈，长期以来对僵化的体制机制“不敢改革、不会改革、不想改革”的落后作风以及“管理机制、用人机制、责任机制、激励机制”严重滞后的先天缺陷导致其在新媒体来势汹汹的态势下毫无翻身之地，制作的融媒体内容同质化现象严重，无法形成有效的运营力、传播力、影响力。

具体来讲，媒体资源配置的不合理可能发生在以下两个方面。一方面，政府在资源的发放和政策倾斜上无法完全做到公平公正，省、市、县等不同级别的媒体本身得到的可供使用资源就是不平衡不均等的，这包括新闻采、写、编、发的权力以及技术、资金、平台、人才等诸多方面的支持。在这样的背景下，受限于有限的资源，媒体的生产创意、媒体想要报道的新闻资讯、想要追踪的社会事件、想要跟进的时事采访就无法得到极致的发挥和实现，也就相应地满足不了民众的需求。另一方面，广电媒体需要对自己的盈亏负责，需要同时兼顾经济效益和社会效益，但事业与企业共存的身份难免会消解媒体作为服务主体的意识，严重限制广电媒体的生产能力，从而影响其在媒介融合和转型升级进程中的作用的发挥。

产权划分模糊，“产权不分”问题明显。传媒界和法律界都坚持认为，广电媒体的产权是划归给国家的，政府对视听行业具有绝对的监管权和资源配置的主导权，媒体和政府在“产权”争夺的场域中反复博弈，行政干预随意介入媒体资产运营，就导致媒体没有生产和创作的动力，视听行业也长期被置于尴尬的位置；以往，传统媒体认为“新闻是易碎品”，以“首发”论英雄，且媒体业态较为简单，大多为官方、半官方媒体，对新闻作品的知识产权并不太关注。而今，媒体融合打破了新闻的“易碎品”性质，同一新闻作品以不同的呈现方式出现在新媒体平台，给作品著作权的归属带来挑战，也成为主流媒体必须关注的权利点。

2021 年 6 月 1 日，第三次修订的《中华人民共和国著作权法》颁布实施。其中第五条将不适用著作权法保护的“时事新闻”修改为“单纯事实消息”。这一修改意味着，“时事新闻”只要能够构成著作权意义上的“作品”，即受著作权法保护。“时事新闻”的内涵和外延在新闻界并没有明确的界定，进而造成了在许多时事新闻作品的著作权争议诉讼中，被告往往以“时事新闻不受著作权法保护”作为抗辩理由。当下，在司法实践中，著作权侵权案件比比皆是。从其判决结果来看，主流媒体在时事新闻上进行创作的新闻产品属于作品，主流媒体可以借助《中华人民共和国著作权法》维护其知识产权。在新闻不再是“易碎品”的融媒体时代，新修订的《中华人民共和国著作权法》无疑为主流媒体提供了一个新闻版权法律保护的环境，主流媒体也应提高自身的法律意识，积极主张知识产权权益。[①]

（三）生产思维固化，难以满足用户需求

在新技术、新场景、新形势的冲击下，传统广播电视行业的商业生态

① 朱艳冰，赵泽众，高薇．主流媒体在新媒体时代如何保护知识产权［J］．采写编，2022（8）：104-105.

系统难以维系，以改进节目内容来提升经营能力的方法不再奏效，投资回报率越来越低，传统的内容、形式无法获得关注，产业内部竞争激烈。深耕新媒体领域已经成为广电媒体革新宣传方式、抢占话语高地的必经之路，如何借力新媒体进行发展模式的探索实践，从内容供给者转变为新媒体“玩家”，实现品牌价值的提升和用户的跨屏，是广电媒体在媒介融合中面对的新课题。[①] 然而，在广电行业向新媒体传播进军的过程中，无论是创新意识、服务理念、运营模式还是内部架构，都过于传统陈旧，在转型过程中桎梏较多，难以满足用户需求。

1. 创新意识薄弱，跟风现象明显

传统视听行业创新意识比较薄弱，存在严重的跟风现象，技术发展滞后，难以满足用户多样化需求。一直以来，广播电视的主要业务便是提供具有一定独特性的广播或电视节目，且在长时间的发展过程中已经形成一套模式化的制作与传播流程，也拥有完备的审核与监管体系，甚至形成了特定的风格和渠道配套的类型。不同的广播频道、电视频道，在不同的时间段有其既定的播出内容，用户只能受制于广播电视设置的服务模式，属于被动接收信息的一方。长期以来，我国广播电视新媒体行业都存在“跟风盛行”的现象，一旦某个节目收视率和经济效益突出，各媒体便争相效仿，市场上同质化节目喷涌而出，试图赶超前者获得更多较好的口碑及收益，这样往往会导致受众审美疲劳，不利于广播电视新媒体行业的长期发展。

而随着媒体融合进程的加速，广播类、视频类 APP 如雨后春笋般涌现，它们在组织上更加自由灵活，在内容创作方面拥有更广阔的拓展空间，在传播过程中可以通过算法、大数据等新兴技术扩大覆盖面和社会影响力。

---

① 李叙炎．媒介融合背景下广电媒体的短视频探索策略［J］．记者摇篮，2023（4）：48-50.

随之而来的，便是媒体资源的日益丰富多样和获取信息效率的显著提高，传统广播电视信息传播过程须进行采编处理，无法满足人们获取即时信息的需求。新媒体以其信息海量、传播速度快、互动性强等特性，打破了传统媒体对信息的垄断，模糊了传统电信通信和移动互联网的界限，其营造出的平权化公共空间，在话题设置、个性化交互等方面都超越了传统广电媒体，传统视听媒体话语权被消解。

2. 服务理念较弱，欠缺用户思维

传统视听行业的服务理念较弱，难以与新媒体相媲美。作为出现时间较早、发展历史悠久的传统媒体，广播电视在发展之初就被灌输着一种“我说你听”的经营模式，节目的制作方是主体。随着新媒体技术的出现，听众和观众变成了用户，他们从被动接受变得渴望主动表达，这个时候新媒体的优势便一览无余。面对收听和收看习惯的改变以及用户越来越高的服务需求，广播电视难以在短时间内树立起“服务用户”的理念，也就难以得到用户的依赖。与之相比，大多数新媒体应用都建立了一套完善的用户服务体系，甚至运用大数据、算法等技术支持精准定位目标用户、分析用户喜好、获取用户反馈、倾听用户建议、坚持“用户生产内容”和“专业生产内容”并存，秉持“服务为本”的理念，满足新媒体时代用户互动交流、自由选择、实时推送等多样化、个性化需求。

无论传播方式如何改变，“以人为本”的传播逻辑是始终不变的。因此，如何对用户的精准定位进行服务，是广播在新媒体时代谋求转型所要重点考虑的问题，在视听行业转型的过程中，广播电视一方面需要善于运用新技术，用更多元快捷的传播方式、提高内容信息的传播时效、拓宽传播覆盖范围和社会影响力；另一方面还要不断调整更新受众研究策略，强化对受众数据的收集与分析，注重公共服务的普及和用户个性化体验的满足，及时回应用户需要，打造以用户为中心的服务平台，利用社交、娱乐、

生活、交通等服务增加用户的黏性。

3. 发展模式固化，人才培养乏力

广播电视是发展时间较长、形式较为传统的媒体形式，在发展中形成了固定的发展模式和结构，在职的媒体工作人员主要以传统的媒体业务为主导，并且目前的广播电视媒体在进行人才招聘时，招聘方法太过于传统，无法吸引具有创新意识的专业人才加入。随着互联网技术的飞速发展，广电“我播你听（看）”的线性播出方式受到严峻挑战，更多人希望获取自身感兴趣的个性化信息内容，这就导致广播电视媒体的创新型人力资源不足，人才流失严重。对原有从业人员来说，技术的高速发展与革新使其难以跟上时代的脚步，尖端技术的掌握更不是一朝一夕就能实现的，大数据、云计算、虚拟现实等现代技术并不是传统媒体人能够轻易驾驭的，将传统媒体的理念、方法，直接套用在新媒体上更是不可行的。此外，我国各级广播电视媒体在转型过程中大多适应能力较弱，存在不同程度的互联网思维不强、受众意识不强等共性问题，业务流程、工作重心仍旧停留在“先台后网”层面，新媒体平台账号用户黏性低、传播力不足，虽然不少县级、市级融媒体中心开通了“两微一端”，但大多停留在“相加”层面，尚未实现“融合”，多数新媒体账号都没有正式投入运营。究其根源，问题的关键仍是新媒体专业人才的匮乏，熟悉传统广播电视媒体的人员远超擅长新媒体运营的人员，与主力军全面挺进新媒体主战场的要求有较大差距。在台网分离、创收形式单一、固定收入减少等客观情况下，人才的断层和缺失无形中给视听行业的转型升级设置了一道屏障，传统视听行业面临着大量的创新桎梏，难以满足数字化、信息化时代用户的高要求。

4. 职能转变和行业监管不到位

传统视听行业在媒体融合背景下职能转变不到位，行业监管存在薄弱

环节，在内容、管理、经营、渠道、平台等方面还没有做到深度有机融合。在转型过程中，广电行业的行政监管从管内容向管系统、管行业转变不够到位，从侧重监管向以监管促发展转变也不到位。一是对广播电视主流媒体的监管不够严格，个别媒体为取悦受众、吸引流量、获得利润而全然不顾节目的质量，最终导致社会信任度和认可度的降低；二是对新媒体的监管滞后，视听行业在媒体融合和向网络视听行业迈进的过程中，传统监管机构并没有相对应的监管措施，尤其是对于网络视听行业的内容存在较大的监管缺陷和漏洞，互联网平台上存在的广播电视节目内容并没有得到有效的审核和关注，这也是视听新业态转型中的一大窟窿；三是网络监督相关立法尚不健全，随着新媒体使用群体迅速扩大，新媒体舆情管控更加困难，视听行业大多游离于监管盲区，相关法律法规和政策规定较少，再加上在转型过程中相关从业人员对新媒体环境和互联网规则并不熟悉，视听行业在媒体融合的进程中极容易走上歧路，从而失去转型良机。

Web 3.0 时代下的媒介融合整体迈入新进程，新技术、新应用、新平台的不断涌现和高速发展推动传统媒体的信息传播渠道正在经历一场重大变革，媒体生态结构和媒介传播环境被推翻和重塑，传统视听行业在内容创作、渠道选择、运营模式、组织结构、资源配置等方面都需要适时做出改变。如今，广播电视媒体必须意识到媒体融合不再是简单的内容、渠道、平台、服务的单一融合，而是多元素交叉的整体生态融合。传统广播电视媒体在新业态转型中必须抢占新媒介与新平台赛道、实现内容为主技术为辅的叠加效果、拓展本地服务与国家传播新局面、挖掘视听传播的多元渠道与全新场景，在新技术赋能、新需求推动、新市场定位、新社会功能、新发展要求等多元因素的融合影响下多层次发力，共同助力媒体融合背景下的视听新业态转型。

第二章

主流新表达：加速激活视听内容生产力与社交传播力

如今，媒体融合正在经历战略化、扩散化、制度化、生态化等发展阶段。[①]在经历了“上半场”的互联网化、移动互联网化之后，一股更为猛烈的数字化、智能化浪潮正扑面而来。5G、大数据、人工智能技术深刻影响着视听行业的传播格局和内容生态，短视频和网络直播等新媒体形式的兴起给视听产业带来了全新的机遇。短视频逐渐成为更符合用户碎片化内容消费需求的形式，凭借着“短、快”的内容传播优势，短视频迅速受到各大内容平台、用户和资本的支持和青睐。此后，网络直播平台也因其社交性和互动性的优势而迅速崛起，“视频化”表达的社会和文化基础得到了进一步巩固。同时，借助虚拟现实和增强现实技术的快速发展和广泛应用，短视频和网络直播的声画体验大幅提高，应用范围也显著扩大。

在这个日新月异、瞬息万变的时代，从纸质媒体的逐步衰退，到互联网的迅速崛起，再到短视频、网络直播、社交媒体的无处不在，媒介生态正经历着前所未有的变革。然而，不论媒介生态如何演变，主流价值宣传始终是主流媒体的核心使命和不可动摇的基石。日渐激烈的媒体竞争博弈要求主流媒体在媒体融合的浪潮里更好地发挥舆论引领作用。坚守内容生产的主流价值观与基于技术变革创新表达与传播方式，成为主流媒体可持续发展的“一体两面”。因此，主流媒体必须坚守主流宣传使命，进一步激活内容创新和传播活力，释放融媒发展的新动能，围绕“内容为王”的核心理念提升视听内容生产力，同时综合运用“短视频＋直播”的方式激活社交传播力，从而实现守正创新、导向鲜明、富有影响力和感染力的主流价值新表达。

① 窦锋昌，傅中行，李爱生．中国媒体融合十年历程研究［J］．青年记者，2023（11）：57-62.

一、内容为王，提升内容品质打造主题宣传“爆款”[①]

提升新闻舆论引导力关系着社会主流价值的有效传播和覆盖，关系着社会主流价值是否能入脑入心，关系着意识形态阵地的得失和舆论环境的和谐与否[②]。主流价值观是社会共同的观念认同，反映了一个国家意识形态和社会道德的基本取向，包括“意识形态、历史传统、民族精神、宗教信仰、道德风尚和生活方式等”[③]。广播电视媒体在弘扬主流价值、壮大主流思想舆论方面责无旁贷、重任在肩。在视听媒体智能化、数字化转型的过程中，优质内容仍然是视听行业的第一需求。广播电视媒体需要找准时代发展的脉络，坚持思想性与人民性并重、严谨性与创意性并举、时代性与艺术性并行，在视听生产中不断创新打造出精品力作，以回应时代要求和受众需求。

（一）深入浅出，思想性与人民性并重

安德烈亚斯·布尔在《用户 3.0》一书中提出：3.0 版本的用户是有自我意识的，已告别了在传统消费中所扮演的角色，参与产品的制造。随着互联网技术的发展，用户已经从传统的内容接受者转变为内容的选择者，这就导致传统灌输式的传播模式已经难以满足用户的基本需求，更难起到价值引领的作用。这要求视听传播者从晦涩难懂的传播信息中走出来，深

① 部分内容参考了王彬发表于《电视研究》2023 年第 1 期的文章《全媒体书写“荆”彩答卷 新视听奏响奋进强音——湖北广播电视台（集团）党的二十大宣传报道新表达》。

② 刘烨. 新时代主流媒体如何发挥引导力［J］. 新闻战线，2018（19）：131-132.

③ 俞正梁，等. 全球化时代的国际关系［M］. 上海：复旦大学出版社，2000.

入人民群众喜闻乐见的多元话语表达中去；从生搬硬套的传播模式中走出来，深入更易于人民群众接受的多元传播模式中去，深入浅出，坚持思想性与人民性并重。

1. 转变主题报道视角，注重人民群众切身感受

如何恰当表达与受众心理和生活的贴近性，是广播电视媒体应不断追问的问题。在媒体融合的新时代背景下，鲜活才是视听作品的最佳底色，优秀的视听作品应当融入鲜活的现实土壤之中。

视听作品应当用平凡视角着力展现生动的微观故事，追求思想与故事有机融合，寻找理论阐释的说理性与故事性的平衡。例如，党的二十大主题宣传期间以微观故事化叙事反映宏观主题，大处着眼，小处落笔："跟着总书记看中国"系列稿件以小见大，从"一束光""一江水""一张饭票""一个村庄""一条活鱼"展现湖北人民勇担使命、砥砺奋进，不断改善民生的故事；"新思想领航荆楚实践·我和我的新时代"系列新闻，聚焦非遗传承人、乡村振兴"新农人"、网红小镇的新变化，通过个体微观视角自述表达、小故事展现了时代人变迁的主题，新思想的传递变得接地气、有生气[①]；纪录片《风云江城——1927 中共中央在武汉》以珍贵的文献视角、真实的记录手法、全景式展现 1927 年的风云变幻，深情讴歌年轻的中国共产党人不怕牺牲、英勇斗争的革命精神。细致入微的视角使得该片既有历史的厚度又有情感的浓度，在反映历史发展客观走向的同时，选取典型代表人物展开故事，并运用细节工笔描绘，集中刻画毛泽东、周恩来、瞿秋白、蔡和森、张太雷、陈延年、赵世炎、罗亦农等一批共产党人和以他们为代表的英雄群体，真实感人、观照现实、温暖人心，让观众深刻领会到中国共产党人的初心使命恒久不变、理想信念历久

---

① 王彬．举旗帜、建机制、促融合，唱响新时代主旋律：湖北广播电视台党的二十大宣传报道创作实践感悟［J］．新闻战线，2022（22）：35-38.

弥坚。

下面以《风云江城——1927 年中共中央在武汉》（下文简称《风云江城》）为例，探析说理与故事之间的融合创新方式。

首先，在题材上扎根地方、深挖史料，填补历史空白。《风云江城》题材聚焦 1927 年发生在武汉的这段共产党极为艰辛的探路历程。故事本身具备“以小胜多”“以弱胜强”的特质，映射风云突变的时代。该片以中共中央从上海迁移至武汉这一标志性事件为坐标，站在大革命经历从高潮到失败和土地革命战争兴起这一历史转折的高度，将南昌起义、八七会议、秋收起义、广州起义等一系列我党历史上的重大事件串联起来，用丰富、权威的史料和真实、生动的细节揭开历史厚重的面纱，很多角度和史料都是第一次在银幕上呈现。纪录片汇集中央和地方丰富的文献史料，以 50 分钟一集共 200 分钟的鸿篇巨制来放大这一本身就极具张力的历史节点，这一题材选择精、准、狠，发力到位。《风云江城》实现了地方题材的宏观展现，细致入微的视角使得该片既有历史的厚度又有情感的浓度，填补近十年来党史文献纪录片尚未涉足的空白，有力展现了湖北的红色经典。

其次，思想上追求真实、人性视野，揭示如磐初心。《风云江城》将党的历史发展主线与一座城市的人文历史变迁相关联，选取省内外 40 多个博物馆、纪念馆、历史遗迹、历史事件发生地的相关党史资料，采访拍摄 40 多名党史研究专家、军事专家、文博专家和革命先烈后代，突破局限、追求真实，有机整合了庞杂的文献资料和历史元素。该片选取典型代表人物展开故事，并运用细节工笔描绘，使得人物形象饱满、精神突出。第三集《探索新路》讲述南昌起义的曲折过程时，对周恩来、贺龙等人物的刻画既浓墨重彩又细致入微。如引用邓颖超关于周恩来迟迟没有告诉她即将奔赴战斗一线的回忆，“这次分别后，不知何日相会？在白色恐怖的岁月里，无论是同志间、夫妻间，每次的生离，都意味着死别呀”。

再次，呈现上以内容为王、以形式为主导，提升审美价值。《风云江城》电视化呈现稿花费数月时间，和专家组在一起捆绑打磨，最终实现形象化的历史真实。全片在以历史文献、影像资料和专家学者访谈等还原历史时，更追求艺术的真实性，通过审美理想艺术地再现历史，让那段发生在身边的历史可知可感。全片通过音乐、场景、版画、情景再现等艺术手段丰富观感。创作过程中，尝试运用横店场景模拟拍摄、革命原址实地再现拍摄、演播厅场景还原拍摄三种情景再现手法，既体现了细节、情节、冲突和转折，又增加了纪录片的内涵和层次，使得人物形象灵动、充实。如演播室的模拟拍摄手法，用屏幕代替场景营造虚拟历史环境，通过屏幕实时与演员动作联动，以一定的合理性加上一定程度的艺术再现来表达审美。

最后，全片音乐均为原创，有效渲染了跌宕起伏的情绪和意境。音乐总时长 112 分钟，包括“旗帜”“前行”“希望”“民生”“暗流”五大主题，12 类情绪音乐共 90 个片段，其中还包括 30 多种原创音效。这种系统性创作能够使观众感受到音乐沉稳大气，起承转合流畅自然一气呵成、丰富情绪、风格化明显。原创片头的创意摒弃常用的模板化手法，将发生在 1927 年前后重要历史事件的雕塑群像、武汉城市元素和实拍版画的制作过程相结合，并融入江城“水”的元素，实景拍摄片名，有力呈现出一幅气势恢宏的革命历史画卷，体现了臻于至善的思想张力和艺术创新能力的完美结合。全片包装追求原创性和唯一性，将后期前置，结合前期拍摄的整体设计，让档案馆里的珍贵照片场景化、清晰化、动态化，在反复尝试和实践中精心打磨。设计尊重真实、不露痕迹，实现了包装上的“克制”，这也是纪录片美学的最高境界和追求。

广电媒体应当坚持大众化、通俗化表达，打造更多内容鲜活、创意独特的重头栏目、品牌节目，充分利用新技术、新媒体，创新新闻表达方式，增强新闻报道的生动性和趣味性，提高新闻传播的效率和效果，让主流声音覆盖大屏小屏、主导舆论场、触达千万家。湖北广播电视台始终坚持用“小故事”讲好“大道理”，有效中和了理论节目的教育性，使之没有那么枯燥乏味、生硬晦涩，也更利于民众理解，达到了很好的传播效果。

下面以新闻评论节目《热点里的价值观》为例，分析大众化、通俗化的表达方式。

首先，《热点里的价值观》围绕时政、民生、经济、社会、文化、体育、国际等各领域热点事件权威发声，在热点引导中注重以事说理，以理服人。一是以新闻呈现为辅，以解读为主，立足于通过新闻事件输出态度和观点，一事一议。节目以丰富的现场音响、当事人采访录音等全景呈现新闻事件，继而通过专家的权威发声输出观点，再辅以主持人的即兴点评、网友留言互动等，有效避免了传统广播评论节目大段纯文字播报的“生硬”，增强了节目的可听性和传播效果。二是讲道理，接地气，说让人听得懂、听得进的话，“以理服人”。《改变饭圈乱象，需要更多人站出来》以娱乐圈接机乱象为例，站在粉丝和路人的不同角度分析弊端，痛斥饭圈陋习；《是时候给“万物皆可直播”念念紧箍咒了》从武汉市民剪头发却被理发师直播的身边小事说起，剖析直播行业乱象该如何根治……这些评论在一个个热点事件中寻找共性，将道理掰开了、揉碎了传播给受众，致力于在重要节点、重大热点上，把社会舆论引导到客观、理性的轨道上来，用受众“听得进”的道理为社会发展赋能。

其次，声音元素是广播的特点和优势。《热点里的价值观》不仅输出观点，还用亲和力和感染力来影响听众、传递温度。节目采用评论员、主持人、听众网友“三位一体”的方式，让评论内容更好地与受众产生共情。一是评论员的点评内容既评之有据、言之成理，又通俗易懂、深入浅出，真正做到适听、中听和动听。长期以来，广播新闻评论的内容质量总体上良莠不齐，高素质广播评论员人才较为缺失。针对这一痛点难点，《热点里的价值观》主动发掘湖北省社会科学院这座“富矿”，多次对接、商讨，为社科专家进行广播新闻业务方面的培训，最终让老中青三代专家从过去的“笔杆子”，变为善于在话筒前发声的“金嗓子”。二是主持人代入受众角色，主持词提炼总结、画龙点睛。广播节目的核心是主持人，为了提高受众黏性，打造主持人特有的评论风格尤为重要。《热点里的价值观》两位主持人积极参与策划选题、制定评论方向、沟通专家、指导表达等制播全流程，真正做到“心中有丘壑”；在节目呈现上，主持人从传统的“读评论”转变为“说评论”，用脱口秀的方式说新闻，用对话交流的语态引出专家评论，用年轻化的新媒体语态梳理网友留言，既能接住评论员抛出的新颖观点，又能以真情实感为受众发声。

最后，对热点新闻、热搜事件保持高度敏感是《热点里的价值观》的一大特色。第一时间、多元视角、有的放矢，评论内容既“接天线”又“接地气”。一是选题新。节目紧跟重大主题和网络热点新闻事件，以“短、实、新”的点评厘清事件本质，输出观点，内容新颖，态度鲜明。比如针对人工智能 ChatGPT 话题，栏目组于 2023 年 2 月 10 日推出《高智商 AI 是敌是友，选择权最终还在人类》的讨论，探寻科技的力量如何推动人类社会发展；2023 年 2 月 1 日播出的《一路“狂飙”，主旋律剧集如何成功“破圈”？》从现象级热播剧《狂飙》说起，指出主旋律“破圈”生长的背后是中国自信和中国力量的集中体现。二是观点新。对于评论节目而言，老话题的观点如何“推陈出新”是一大难题。《热点里的价值观》的解决办法是宏大话题从小角度切入，老话题从新角度切入，为受众带来更为新鲜的听感。在 2023 年湖北省两会期间，栏目组推出《两会快评》，从民生视角小切口聚焦两会热点、权威解读最新政策。快评《来自“十件实事”的幸福感》从上万字的省政府工作报告中提炼老百姓最为关心的民生亮点，以更新、更具体、更实在的“十件实事”为例，将最新政策传达得更加通俗易懂、深入人心。

与此同时，各种新技术的发展和应用也为主流价值观叙事提供了丰富视听呈现和吸引受众注意力的基础。[①] 广播电视等主流媒体在继续保持价值引领意识的同时，也要灵活掌握和运用新技术以吸引受众。例如，湖北广播电视台制作的《听见，荆楚花开》，以声画创作方式展现了湖北地区一派“盎然春意，勃勃生机”的美好景象，精美的声画品质吸引用户在观赏湖北之美的同时，沉浸于视频所传达的深刻意义内涵中。2023 年 4 月 4 日在湖北省博物馆上演的沉浸式全息剧《遇见·楚庄王》，通过虚拟现实和裸眼 3D 等新技术融合真人演员们的实体演出，再现了楚庄王韬光养晦、一鸣惊人、问鼎中原的传奇历史，实现了精美奇幻的沉浸式全息成像效果，高质量内容与新技术的完美融合，给观众带来了别开生面的全新体验。

2. 优化主流叙事形式，契合广大网友的视听习惯

“情感化”是人类社会传播实践的重要特征。随着社交网络平台的崛起，“观点、情绪、立场等情感化诉求已经成为网络传播时代的重要传播手段和诉求点，甚至其重要程度已经超过了事实本身”。[②] 在主流叙事中增添以情感为逻辑的传播路径不但能够贴合用户的阅读习惯，而且能够引起用户共鸣以实现价值引领。传统的广电视听作品往往容易割裂价值主题与观众之间的距离，无形中也破坏了作品内容的真实感和感染力，走上“生硬说教”的形式主义道路。在信息冗余的当下，诉诸情感比传播事实更容易引发关注。故而，在主流价值传播过程中，要避免生硬填鸭式的内容叙述，应该把握用户的情感需求和情感体验，适当增添感性元素，以通俗的价值取向和人文关怀等增强情感逻辑，打造有感染力和穿透力的内容，使主观

---

① 陈妮 . 媒体融合视阈下的电视新闻舆论引导力研究［J］. 湖北社会科学，2019（4）：184-188.

② 马广军，尤可可 . 网络媒体传播的“情感化”转向［J］. 青年记者，2020（5）：19-20.

性、情感性和体验性的内容成为内容的新发力点。[①]

一方面，要将情感逻辑融入主流叙事，运用多种视听传播方式贴近受众心理。例如，湖北广播电视台新闻中心好看工作室推出的《信心中国 | 江湖自有姓名》，以信心中国为主题，表达“江湖自有姓名，我就是我，我就是中国”的精神态度。该片关注了中国的旅游景点总是拿外国知名旅游目的地地名及标签来宣传自己这一现象，以新颖的小切口视角表现国家自信的大主题，巧妙激发了观众的爱国情感和民族自信心。充满网感的文风、精致动感的画面、国潮节奏的音乐、网络话题的设置等制作元素让此片更容易在网络引发讨论，扩大传播影响力。

另一方面，要在朴实情感的描摹中传播正能量，反映时代发展和社会进步，在传承和发展地方特色中凸显文化自信，从而实现作品的价值升维和创新突围。以湖北广播电视台《看见纪南城》纪录片为例，该片立足楚国古都城纪南城的历史谜题，以生动、创新的表现形式来展现新时代的荆楚风貌，让观众在视听内容享受的过程中产生情感共鸣，以深化情感逻辑背后的社会价值。

3. 主流媒体挺进主阵地，宣传人民领袖思想

主流媒体能够通过宣传报道对主流价值观进行正面的阐述和宣扬，坚持把握正确的舆论导向，加强对社会热点、敏感问题的引导，充分发挥新闻媒体的主流舆论阵地作用。主流媒体有着长期形成的权威性和公信力，有着可以充分利用资料做好深度报道和广度报道的优势。因此，在重大事件发生之时、重要节点来临之际，主流媒体应当做到及时报道、有效报道，发挥“定心丸”“压舱石”作用；确保认识正确、导向正确，发挥“指南针”“方向盘”作用；在此基础上，还应做到生动叙事、创新叙事，发挥

① 杨颖兮，喻国明 . 传播中的非理性要素：一项理解未来传播的重要命题［J］. 探索与争鸣，2021（5）：131-138，179.

“启明星”“瞭望塔”作用。①

随着互联网和移动通信技术的飞速发展，人们获取信息的方式和渠道发生了深刻的变化，传统的广电媒体面临着严峻的挑战。因此，广电媒体需要不断创新，以提高新闻报道的吸引力和影响力，增强新闻宣传的针对性和实效性。广电媒体作为重要的主流宣传渠道，应当积极创新新闻表达方式，用专业而又不失生动的叙事阐释思想理论，从而让新思想新理念“飞入寻常百姓家”。

一方面，广电媒体应当始终牢牢把握正确政治方向、舆论导向、价值取向，紧扣主题主线，加强思想宣传阐释，坚持围绕核心、突出核心，深入挖掘新闻事件的内涵和意义，引导受众正确看待社会现象和问题，增强社会责任感和使命感。例如，湖北广播电视台推出的大型全媒体节目《百年风华青春对话》，开启了一场青少年与革命先烈的世纪“对话”，展现了百年前青年们高擎马克思主义的火炬，救国于将倾，救民于危难，百年后青年们用一代又一代的奋斗向世人证明，中国从来就没有垮掉的一代，只有永不弯曲的脊梁。

再比如，围绕党的十八大以来习近平总书记 6 次考察湖北推出的《习语润荆楚》《四代人四首歌，听懂总书记对这束光的嘱托》《对话长江》《牢记总书记的嘱托 | 闪亮足迹 荆楚答卷》《习近平总书记在湖北看了这个！》《光谷：一束光成就一座城》《习语润荆楚 | “一家老小，总书记都惦记着”》等数十篇报道，表达了荆楚儿女牢记嘱托走好“新时代必由之路”、再续“英雄答卷”的豪情，相关报道点击量超 12.6 亿。

另一方面，在壮大主流舆论宣传上，湖北广播电视台持续推进“头条”工程、“首屏首页首端”工程和“置顶”工程，全平台开设《思想领航 荆楚巨变》《领航中国 湖北实践》《牢记嘱托 江湖奔涌》等专栏、专题，组织

① 李杨 . 把握好新闻宣传的“时度效”有效提高舆论引导能力［N］. 驻马店日报，2022-03-15（8）.

《逐梦复兴路》等融媒体新闻行动，立体化展现习近平总书记带领全国人民为实现中华民族伟大复兴的奋斗历程和躬亲实践，深层次做好习近平新时代中国特色社会主义思想的宣传、解读、阐释，常学常新、常悟常新，持续深化认识认同，全面展示湖北十年来在习近平新时代中国特色社会主义思想指引下的发展巨变，以创新方式让新闻宣传更有力度、更有厚度、更有温度。

其中，《牢记嘱托 江湖奔涌》以手绘动画的形式，用一条江串起湖北在农业发展，乡村振兴，共同缔造美好生活、长江生态保护，科技创新、人民幸福生活等方面的可喜成就，表达湖北推动建设全国构建新发展格局先行区，缔造中国梦的宏大主题。作品以手绘动画的方式创新视觉呈现，以长江为轴，用木船、江豚、游轮、纸船等串起了湖北的特色农业、乡村振兴、美好生活共同缔造、长江生态保护、南水北调水源地保护、城市科技发展、幸福生活等场景。

（二）稳中求新，严谨性与创意性并举

传统的传播方式以单向、线性传播为主，随着信息技术的不断发展，遵循网络时代传播规律的分众化传播逐渐出现，即信息获取渠道更为多元，实现对受众的精准化传播，满足公众个性化的信息需求。网络传播时代，用户的个性化需求受到重视，用户思维成为数字化时代的核心思维，媒体的发展也应当趋向于产品服务化。《共绘美好视听新生态：新型视听平台助力媒体深度融合发展研究报告》中将视听新媒体平台与主流媒体的融合呈现出的新特点概括为“ECO”（生态）机制，即社交参与（Encountering）、情感连结（Connecting）与创意流动（Originating）。用户需求和期望在不断演变，这就使得主流媒体要在坚持严谨性和严肃性的同时，不断进行创新以适应用户对社交参与、情感连结和创意流动的更高要求。

1.“硬核”议题在坚持严谨严肃的同时守正创新

传统媒体在数字化趋势下，自身的融合转型应该注重用户的分众化差异，从原本以受众为单向传播对象的思维转向与用户平等双向对话的用户思维。用户思维即以用户体验为中心，为不同用户提供个性化的内容，让用户在产品或服务使用过程中更好地实现个人价值的思维方式。用户时代，数字经济与实体经济深度融合带来的媒体传播格局重塑，正在推动主流媒体不断丰富传播手段，探索直达用户的新模式，实现传播效果精准到达。

如今主流媒体“讲故事”需要建立起用户思维、流量思维、数据思维，用优质内容和产品黏住用户。把握用户思维并不是一味地迎合受众，而是要在坚持严谨性的同时守正创新。尤其在重大主题的报道中，用户不仅期待能够获得尽可能多的关键信息，把握国家发展与社会进步的脉搏，也希望能够获得视听消费上的良好体验。

在工作原则上，主流媒体始终要坚持党性原则、坚持新闻真实性，牢固树立正确政治意识和主流价值引领；在内容制作上，可以以交互融合缓解严肃议题的“硬核感”，积极拥抱新兴交互媒体技术，为静态内容与动态内容的互联互通带来流动空间与沉浸式体验，给用户带来更便捷、更迅速、更具沉浸感的观看体验；在传播方式上，摒弃生硬说教的宣传模式，将生活化的语态与视频、音频、动画等多种视听元素结合，以一种平等化的视角，将内容传播与用户的生活圈、消费圈融合，从认知满足、审美满足、参与满足等角度满足用户需求，提升用户的参与感，在用户参与和互动中催化信息裂变扩散。

例如，湖北广播电视台推出的《江湖中国》，深入浅出地将湖北省委、省政府提出的《流域综合治理与统筹发展规划纲要》核心内容进行了新媒体化的艺术处理，摒弃了传统照搬文件、详细解读的表现形式，在语态表达上通俗且文艺，将湖北的山川江湖、绿色安全的发展底线、流动向前的发展路径以通俗文艺的语言文案，分析得清楚易懂。该片既在内容上暗合湖北省委、省政府提出的践行新发展格局先行区的思路及举措，也体现了湖北发展的成绩和在全国经济发展这盘大棋里的重要性，而且兼顾了扩大网络传播影响力的语态和形式，是主题报道宣传视频中极具风格和传播力的新尝试和新表达。该视频在长江云客户端首发，湖北新闻各网络平台、“学习强国”学习平台、湖北发布平台等转发，被中央网信办全网置顶推荐，在“学习强国”主平台首页推荐，全国 120 余家媒体转载。网络正能量评论氛围积极热烈，全网点击量突破 2.6 亿，评论量突破 10 万条。

2023 年，湖北广播电视台湖北卫视再度推出精品科教节目——国内首档院士科普创演节目《你好 赛先生》，邀请十余位在前沿科学领域引领国家科技发展的院士，与青年代表同台对话，回望我国科技发展历程，探讨当下科学前沿热点，运用数字技术赋能节目制作，为观众呈现一堂堂别出心裁的科学公开课。节目通过设置“探索未来”“院士 XR 演讲”“一起唠‘科’”“大家说”等环节，让院士们畅谈新兴科技，畅想前沿发展，让“硬核晦涩”的高新科技进步“看得见、听得清”。中国工程院院士钮新强生动讲解我国的水利“黑科技”，回忆南水北调工程“软豆腐里打洞子”的严峻挑战；中国科学院院士褚君浩揭秘“看不见的光”如何改变世界，讲述红外光线在航空航天、工业工程、电力、医疗等领域的重要作用；中国科学院院士、微生物学家邓子新围绕“以生物造万物”主题，畅谈“合成生物学”的广泛应用和广阔前景……观众在科学家的带领下，一同回顾中国科技发展历程，感受我国科技创新的卓越成就。

《你好 赛先生》制作团队为十位院士量身定做了演讲场景。从以三峡大坝为原型设计的超现实主义大坝、利用 XR 技术打造的未来巨型生物实验室、颇具未来感的“悬浮医院”，到把南海上的黄岩岛、地下 2000 米的盐矿、北京大兴国际机场实景化“搬上”舞台……节目以奇幻瑰丽的浪漫主义手法，展示科学家们各自奔赴“星辰大海”的花样舞台，让观众犹如身临其境，直达他们筑梦、追梦、圆梦的科技一线，为节目铺设浩瀚无垠的唯美意境。

节目还邀请相关领域的“科学新青年”，从年轻人感兴趣的话题与视角切入，与院士们开展轻松幽默的同台对话，为严肃深奥的科学讲解增添青春注脚，使科学普及“接地气、入人心”。如在第三期节目中，现场嘉宾针对网络上有关生化环材是“天坑专业”的误区展开讨论，讲述生化环材专业的重要价值，帮助年轻人拨开迷雾、打破偏见；在第四期节目中，中国工程院院士刘经南将北斗卫星的星间通信功能，巧妙比喻成星与星之间建起的“群聊”，让高深复杂的科学知识通俗化、趣味化。《你好 赛先生》播出后数次登上网络热榜，微博话题“你好赛先生”及相关子话题破十亿，“赛先生请出山”“院士请回答”等子话题引发热烈讨论，院士金句、AI短片、AI海报作为节目亮点获广泛转发。

2. 发挥传统媒介“补位”作用推进深度融合创新

在当今数字化快速发展的时代，广播电视媒体作为传统媒介的代表，不仅要坚守其独特的传播价值，更要积极寻找与新媒体融合发展的新路径。为此，广播电视媒体需要充分发挥其“补位”作用，即在保持自身核心竞争力的同时，将广播与电视端、新媒体端融合生产，优化制播流程、扩大宣传矩阵、增加受众互动、提升品牌效应，促进媒体深度融合。

具体来说，广播电视媒体可以将广播与电视端以及新媒体端进行深度融合生产。这意味着在内容制作、节目编排、播出形式等方面需要实现跨平台的无缝衔接和资源共享。广播电视媒体可以通过引入新媒体的实时互动元素，让广播节目更加生动、有趣，同时利用电视端的高清画质和音效，提升新媒体内容的视觉和听觉体验。为了扩大宣传矩阵，广播电视媒体还可以充分利用新媒体渠道，将节目内容推送给更广泛的受众，以提高节目的知名度和影响力，吸引更多年轻用户的关注和参与。除此之外，增加受众互动也是促进媒体深度融合的重要手段。广播电视媒体可以通过设立互动环节、开展线上线下活动等方式，与观众进行实时互动和交流。这不仅可以增强观众的参与感和归属感，还可以收集观众的反馈和建议，为节目改进提供有力支持。

例如，湖北广播电视台推出的党史学习教育重点项目《红色音乐党课》，深度挖掘党史中的音乐元素和音乐作品中的党史背景，以音乐为载体，以党史为脉络，把党史梳理、理论阐释同音乐表达有机结合，引起强烈反响。《红色音乐党课》由湖北广播电视台音乐广播事业部搭建实施，声物工坊—红色音乐党课工作室承担日常统筹、调度、执行事务，同时，该项目拉通音乐广播各部室和线上线下资源，并与电视台（集团）机关党委、总编室、融媒体新闻中心等部门、单位携手，实现了项目的融合推进。

《红色音乐党课》以真情表达、深情讴歌为基调，把理论阐释同音乐表达结合起来，将传统党课的单一宣讲方式变为听、讲、唱、谈“四位一体”模式：听——欣赏经典音乐作品、讲——讲解历史真实故事、唱——现场演绎呈现作品、谈——交流学习听课体会，运用音视频、图文和现场互动等多种形式，以史串歌，以歌叙史，用耳熟能详的经典音乐作品，以及歌曲背后荡气回肠的党史故事，将中国共产党的光辉历程娓娓道来。为了满足不同层面、不同对象的需求，《红色音乐党课》首创了模块化生成方式，将党课内容与落地单位的党史特性、专有元素和工作情境有机结合起来。目前该项目已经先后研发了党政版、青春版、校园版、企业版、社区版、群团版等近十个特色系列产品，先后生成40多个不同的定制模块和多元化环节。

《红色音乐党课》推出后，牢牢把握理论学习和艺术审美的基调，做到不因音乐元素冲淡理论味道，不因理论阐述影响审美氛围，使《红色音乐党课》始终保持党史属性和音乐特色。同时，在党课呈现过程中，通过沉浸式体验，让每一个听众都有表达真情实感的机会，从而在党课现场产生了强烈的情感共鸣。教育部直属高校党建联络员、中国传媒大学原党委副书记田维义认为，音乐广播讲音乐党课，体现了责任担当和传媒使命。湖北省委党校教授李姗姗认为，音乐党课走进党校，进一步丰富了党校教学体系，在党史学习教育中更容易产生直抵人心的效果。

3. 以跨空间的场景叙事来突出创意表达

梅洛维茨在《消失的地域》中指出，随着电子媒介的快速发展，信息传递早已突破了物理空间和固定场所的限制，电子媒介让人们从过去局限在近距离场景中的体验转变为跨时空的广阔场景。人们的行为也随着场景的改变而改变，多样而具体的内容使得广泛的文化价值观能够更快速地传播，这可能导致原有的地域差异逐渐消失。在线技术的发展完全颠覆了印刷文本所具有的时间顺序讲述的特点，以蒙太奇的方式将不同时间的叙事片段组合在一起，将文字、图片、动画、音频等多种元素融合后呈现在同一空间中。虚拟空间场景消解了现实物理空间的概念，借由多媒体技术的整合构建了一种虚拟化的沉浸式空间，这种虚拟空间作为现实物理空间的投射，实现了现实场景的媒介化再造和虚拟化迁移。

广播电视媒体可以通过音视频、VR、AR 等可视化多媒体交互技术，将不同的场景和故事串联起来，通过传播主体的场景构建和观众参与的场景共创，形成了视觉体验中的"在场"，因此观众可以在较短的时间内感受到不同的氛围和情感，获得时空碎片化的"沉浸"与"共在"体验。这种跨空间场景的叙事方式通过创造连贯的场景过渡和实时的现场感受，为观众带来更加丰富和沉浸式的体验，使观众更加投入，增强了观众视听体验的亲身性和身临其境感，并且使观众与创作者或主播建立更强烈的情感连接。

在这种跨空间的场景叙事模式下，湖北广播电视台利用自己在视频制作方面的先天优势，灵活应用技术，深耕创意表达，制作出一系列场景叙事的成功案例。例如，《走进匈塞铁路 一带繁花一路歌》在“一带一路”倡议提出十周年之际，从一堵砖墙、一段钢轨、一块月饼、一轮明月等小处着眼，以一个个生动的故事和场景为观察窗口，展现了中国与“一带一路”沿线各国互利共赢、人民相亲的大主题。拍摄期间恰逢中国传统节日中秋节，该片展现了中塞两国人民因铁路而相聚，共赏一轮明月，载歌载舞，文化交融的生动场景，诠释出了“和羹之美，在于合异”的真正内涵。

（三）百花齐放，时代性与艺术性并存

党的十八大以来，党中央就推动中华优秀传统文化创造性转化、创新性发展提出一系列新思想新观点新论断。

文化是一个国家安身立命之本，也是一个民族持续发展的动力源泉，作为四大文明古国之一，中华文化源远流长、底蕴深厚，其丰富多彩的文学艺术、建筑风格、民间记忆、传统习俗、医药文化等历久弥坚，成为中华民族区别于其他民族的独特标识；其创造并延续的精神追求，更成为中国革命与建设实践的不竭动力。中华民族深厚悠远的文化传统，形成了中国人几千年来积累的智慧知识和理性思辨的富有特色的思想体系。主流媒体需要以高度的文化自信，对中国文化和价值观保持高度认同，善于挖掘、提炼具有现代意义的优秀传统文化和革命红色资源等，并以此作为媒体自主创新的重要基础，体现中华文化独特的民族风范和气质。

近年来，中央广播电视总台深入挖掘优秀传统文化内涵，推出了一系列以创新传统文化为主的新型文化节目，如《国家宝藏》《中国考古大会》《典籍里的中国》《诗画中国》《中国汉字听写大会》《中国诗词大会》等以系统思维深挖优秀传统文化内涵的传统文化类节目；《遇鉴文明》《上线吧！华彩少年》《故事里的中国》等紧扣时代脉搏、彰显中国精神的新型文

化类节目；2022 年央视春晚《只此青绿》等“现象级”歌舞节目。这些视听节目以中华优秀传统文化为源头，深入挖掘文化宝藏，都取得了令人满意的传播效果。这些文化节目成功出圈的案例预示着中华优秀传统文化在媒介转型的进程中有着广阔的前景和无限生机。①

作为中华民族摇篮的长江流域与黄河流域，孕育了中华民族文化的两大源头——南方长江流域的荆楚文化（包括向上游的巴蜀文化、向下游的吴越文化）与北方黄河流域的中原文化（包括邹鲁文化、燕齐文化与三晋文化）。②2018 年 4 月 27 日，国家主席习近平与印度总理莫迪在参观湖北省博物馆精品文物展时指出，“荆楚文化是悠久的中华文明的重要组成部分，在中华文明发展史上地位举足轻重”。新时代应当发挥视听传播的新优势，让荆楚文化传承创新、打造既具有国际影响力又不失中国特色既具有时代特征又不失荆楚传统的文化品牌。湖北广播电视台深入挖掘荆楚大地的文化底蕴，打造出《戏码头》《看见纪南城》《春风又绿江南岸》等一系列根植中华优秀传统文化、独具荆楚特色的视听精品。

传统文化视听内容为何能出圈？其中蕴含着情感模因和文化模因的双重传播逻辑。电视节目是建构集体记忆、凝聚地域情怀、表达文化认同的重要视听作品形式，而其中携带文化意蕴的内容碎片成为一个个文化模因。同时，文化认同让传播者与大众之间形成了共通的情感，带来的“凝聚性”为人们建构超越地域和身份边界的共同体形态提供了情感动力基础。③然而，传统文化与现代性之间悠久的时间跨度和被区隔的地理空间在文化传播的

---

① 俞逆思，陈昌凤．从泛在到脱域：媒体融合与传统文化节目创新［J］．中国广播电视学刊，2022（10）：105-108.

② 张艳红，骆飞莉．荆楚文化的精神特质、时代价值与传承创新［J］．学习与实践，2018（11）：122-128.

③ 梁湘梓，刘海海．从“情感按摩”到“情感消费”：北京 2022 冬奥会短视频的模因传播研究［J］．成都体育学院学报，2023，49（2）：24-29，44.

过程中形成了层层屏障①，如何让传统文化回归时代主流、使文化传播与媒体融合的逻辑相嵌，是主流媒体必须把握的时代命题。广电媒体自身专业化的生产及权威力、价值力和传播力，辅以新型媒介技术蕴藏的时空重塑、视觉表现、多元互动的潜力，对传统文化的现代性传播具有重要意义。

1. 汲取中华文化精髓，拓展内容叙事视域

文化的传播离不开叙事，叙事作为一种机制和力量，能够赋予传统文化全新的表现力和吸引力。以传统文化为内容源泉的视听节目创设了一个文化叙事的空间，通过故事性的叙事张力再现历久弥新的文化，以此寻找传统文化意义在当下的现实支撑。

湖北广播电视台打造的荆楚文化纪录片《看见纪南城》，立足于弘扬传承中华优秀传统文化，以推进荆楚文物全媒体传播、讲好湖北故事为目标，以长江文明的重要源头楚国古都城纪南城作为时空焦点，充分展示楚文化博大精深的价值内涵和时代新义。该片在创作过程中追求全方位创新：在形式上以情境式呈现，赋予纪南城新的时代内涵和解读视角；在语态上设置悬念，营造强烈的氛围感、沉浸感，寻求年轻化的语态表达，达成了向年轻网生代群体的文化价值输出；在故事上从新史料、新观点中深入研究历史隐秘细节，很多史料都是首次呈现，用鲜为人知的故事提升纪录片的影响力。该片充分展示了楚文化在中华文明架构中所发挥的重要作用和现存价值，获得了人民网、央视网等主流权威媒体的推荐，学习强国、优酷、腾讯视频、快手、抖音等新媒体播出平台跟进推介，形成了良好的传播效果。

再以戏曲文化节目《戏码头》为例，该节目以新颖的栏目形式、强大

① 俞逆思，陈昌凤．从泛在到脱域：媒体融合与传统文化节目创新［J］．中国广播电视学刊，2022（10）：105-108.

的嘉宾阵容、匠心的舞美设计，再现武汉戏曲“大码头”风采神韵，接续书写戏曲艺术传承与传播的艺坛佳话。节目选材具有浓郁的湖北特色，通过戏曲演绎楚剧、荆州花鼓戏、黄梅戏等充满荆楚味道的地方剧种以及源远流长的湖北故事。大量的视觉镜头、演员的唱腔动作、不同戏曲的服装等，无不让观众感受到戏曲艺术的神韵和荆楚文化的内核。除了展现独具特色的湖北特色，《戏码头》还通过勾连文化记忆与时代精神，构建出古今荆楚记忆的桥梁，让观众穿梭时空，品尝到荆楚文化在历史长河中沉淀下来的精神“佳酿”。

2. 综合运用艺术表现手法，打造真实沉浸的视听体验

米尔佐夫在《视觉文化导论》绪论开篇提出，现代生活就发生在荧屏上，人们的经验比以往更加视觉化。① 视觉文化把视觉聚焦为一个意义生产和竞争的场所，这种视觉文化的兴起进一步发展了米切尔所说的“图像理论”，揭示了视觉图像并非静态不变的。视觉文化的出现和发展在一定程度上改变了我们对视觉的理解和使用方式。视觉不再仅仅是感知世界的一种方式，而是成为一种文化表达和交流的工具，人们通过创作和分享视觉图像，传递自己的观点、情感和经验，同时也参与视觉竞争。“屏读”时代，受众的注意力往往被感官视觉强烈的事物所吸引，视觉文化中的声音文本和图像元素结合数字化传播技术，能够创造出引人入胜的新的感官体验。

一方面，视听技术的发展不遗余力地增强视觉表意文本的传达效果，增强视听呈现的现场感，让观众产生沉浸式体验。视听媒体可以通过特效、动画、过渡效果等技术刺激观众的视觉感官，运用快速剪辑、缩放、慢动作等手法创造出动感和戏剧效果，让观众身临其境地感受视频内容。同时，

---

① MIRZOEFF N. An introduction to visual culture［M］. London：Routledge，1999.

流动性、空间性、视听丰富性、直观亲切的文化风格和叙事视角等多种艺术表现手法，使得社会空间中的文化符号通过视听媒介展现在第三空间之中，为观众带来极致的感官体验。

例如，湖北广播电视台联合中国国际电视台共同打造的航拍纪录片《飞越荆楚》，采取“直升机 + 无人机 + 穿越机航拍”相结合的方式，把航拍优势发挥到极致，从多个角度、多个侧面呈现湖北人文之美、生态之美、城乡发展之美。制作组推出了 17 条时长仅一分钟的精品短视频，集中呈现湖北 17 个市州的优美风光和人文特色，为观众带来一场场沉浸式的视觉盛宴。

另一方面，日常化的影像文本以及主体身份的真实性和普通性、生产主体所处环境的真实性都增强了受众的场景代入感。时空一体化的视听内容打破了个体空间与公共空间的界限，“人人都能表演”的生产规则充分激发了个体的创作欲和表现欲。真实的家居场景成为公共舞台，穿着普通家居服的主播成为观众围观的对象，私密的聊天变成公共话语，公共场景与私下行为模糊融合，原本属于后台的场景走向了前台。真实和普通的场景如卧室、书房这些传统意义上的私人空间，经过设计变为了生产要素的一部分，表演者与围观者获得了共通的沉浸式体验。

例如，湖北广播电视台推出的纪录片《支教教师袁辉：落在心底的光》，通过日常化的场景呈现，打造细节满满、有血有肉的人物形象。该片大量运用同期声和现场声，既深入地反映了人物的内心世界，也保证了微纪录片的真实性，增强了画面的感染力，提高了与受众的情感共鸣。连山中徒步偶遇的蛤蟆，都是镜头里的丰富素材，用最亲近的角度，用最朴实的镜头语言拉近与观众之间的距离，去表现袁辉身上平凡人的伟大之处。无论是袁辉老师的一个小表情，还是足球教学的动作示范，抑或是历史课上的情景再现，都穿插了大量的近景和特写镜头，去展现袁辉老师与学生之间互为朋友、互为家人般的亲近与自然。该纪录片的摄制团队几乎无所不拍，袁辉老师一周内的起居、教学、与学生的户外活动以及同村里乡亲们的打招呼拉家常等，都是以小见大的宝贵素材，做到了以一人之经历，反映时代背景下教育质量的变化、教育理念的更新，从而反映出时代发展的宏大主题。

3. 寻求年轻化语态表达，激发传统文化“新活力”

互联网时代的用户多为年轻群体，视听产品要想实现高效传播，必须精准触达年轻群体，激发年轻群体的参与欲望，深度渗入年轻群体的话语空间。在媒体深度融合发展的今天，中华优秀传统文化的传播迎来了新的契机，移动新媒体能拉近传统文化与年轻群体的距离，使更多人了解文化的韵味，增强民族认同感；利用数字化等新兴技术手段，让视听内容创作者从中华优秀传统文化价值中汲取文化力量，通过歌舞、系列节目等视听形式和 XR、AI 等新技术融合，实现年轻化表达，寓教于乐，也能够让文化精髓焕发新的生命力。近年来，以传统文化作为内容根基，数字化影像技术作为创作手段的视听作品，取得了良好的市场口碑。

以湖北广播电视台在中秋佳节推出的短视频《长安姑娘》为例，将中华传统诗词文化与 VR 智能技术完美融合，为观众再现李白笔下的“长安一片月，万户捣衣声。秋风吹不尽，总是玉关情”，以更加生动、立体、场景化的表达形式，在年轻人中掀起了一波传统文化的复兴浪潮。这种古今结合的新颖视觉体验吸引了年轻观众大量点赞、转发。还有结合动画技术、琵琶合奏的《花木兰》热血而来，致敬“当代花木兰”中国女兵，唱出新时代的“她”风采，深深打动年轻观众群体，创下全网播放超过 7000 万的佳绩。还有《屈子祭》等创意短视频也广受欢迎并引发热议，人民日报社、中国新闻网等中央主流媒体争相报道，多次进入 B 站、抖音和微博热门，抖音话题播放过千万，微博话题阅读总量 1.5 亿，全网播放破十亿。

在传承和弘扬文化之外，广电媒体还可以通过整合多元渠道交互，促进文化意义的再生产。胡塞尔有关交互主体性的观点认为，自我可以通过把自身放在他人位置上的“移情”作用来理解他人，进入他人的经验，使意义交互渗透并达成共识。[①]以往电视节目的传播多是单向封闭的，观众的解读与节目的叙事同步进行，但有所隔离，互联网技术的普及带来了更多的社交关系，进而打破了电视的封闭空间，弹幕等实时互动的出现、自媒体平台中多样化的解读等，让传统文化在与多社会主体交互的过程中实现了文化意义的再生产。同时，媒体平台的多样化为文化传播提供了更多的渠道，主流媒体能够发挥矩阵优势，联动系统内外资源，形成传播合力，打造优质文化视听内容的辐射式传播。

随着媒体融合向纵深迈进，传媒生态、传播形态发生了急剧变化，以短视频、网络直播等为代表的即时互动、多渠道传播的网络视听新业态蓬勃发展，促使传统广播电视行业不断革新。选题策划作为视听创作的首要环节，往往决定了作品的价值高度和传播效果，传统文化是一个民族的历史遗产在现实生活中的展现，有着特定的内涵和占主要地位的基本精神，文化精髓是内容生产的活力源泉，根植中国文化沃土，发掘优秀传统文化精髓，呈现中华文化神韵是文化产业内容传播的底气。在媒体融合背景下，主流媒体应当坚持正确的创作导向，利用自身优势加强内容产业创新，充分挖掘优秀传统文化资源，把握新时代背景下的新要求，从而真正创作出一大批真实鲜活、正能量充沛、文化特色鲜明、群众喜闻乐见的优秀视听作品，既把握住时代性，又兼具艺术性。

---

① 莫利，罗宾斯．认同的空间：全球媒介、电子世界景观和文化边界［M］．司艳，译．南京：南京大学出版社，2001.

二、创新方式，短视频和直播大小屏联动融合，实现“出圈”

媒体融合趋势下，媒介形态和传播平台“百花齐放”。[①]用户不再局限于传统的纸质媒体，而是通过屏幕来获取信息，可以随时随地接触到不同形式的内容。在媒体融合视域下，视听作品的传播正呈现出全面数字化的趋势，以音视频为主的媒体传播主阵地从广播、电视向短视频、直播等新媒介形态和新传播平台转移。国家广电总局发展研究中心发布的《2023中国视听新媒体发展报告》显示，截至2022年底，我国网络视听用户规模达10.4亿，网民使用率为97.4%，其中短视频用户规模达10.12亿，同比增长7777万；网络直播用户规模达7.51亿，同比增长4728万。这些数据表明，短视频和网络直播在我国视听产业中扮演着越来越重要的角色。

总的来说，随着移动互联网技术的迅猛发展和新媒体形式的兴起，视听产业正经历着移动化、社交化和数字化的转型，短视频和直播正成为拉动视听新媒体行业增长的重要赛道和强力引擎，为用户提供了丰富多样的内容选择和互动体验，同时也带动了相关产业的迅速发展，展现出视听产业在数字化时代的巨大潜力和活力。在此背景下，广播电视媒体应当将发展短视频和网络直播作为媒体融合发展的“棋眼”，大小屏联动实现融合“出圈”，大力推动视听内容表达方式上的创新转型。

---

① 李秋华.用户核心的媒体融合：“自利式用户”+智能场景匹配［J］.编辑之友，2023（7）：60-65.

（一）以机制为核心，助推短视频产业高质量发展

保罗·莱文森指出，媒介演进的人性化趋势是将冷冰冰的信息传播转化为带有温度的信息体验过程，使其具备人本化、跨时空，以及人机、人网互动融合的沉浸特质，信息参与者共同进入沉浸体验。[①]移动社交网络语境下的场景变革既改变了信息形态，又创造了新的互动体验。视听场景的即视感带给受众最逼真的在场体验，如麦克卢汉强调的“不能只见媒介的内容，而不见其形式——媒介本身”。麦克卢汉认为媒介的内容如同一块“滋味鲜美的肉”，它支配我们的感知，分散我们的注意力，使我们感觉不到眼前媒介的深层冲击力[②]，理解媒介形式本身比理解其承载的内容更为重要。

如今，短视频逐渐成为新一代社交流行语言，也成为媒体融合发展过程中最具代表性的新媒介形式。《2023 中国网络视听发展研究报告》数据显示，近四分之一的新网民因短视频而触网，短视频“纳新”能力远超即时通信。短视频以其短小精悍、快速传播的特点，迅速获得了大量用户的喜爱和关注。短视频这一新媒体形式的兴起，不仅改变了用户的观看习惯，也为相关产业链带来了广阔的市场前景，主流媒体和自媒体纷纷抢占短视频赛道。短视频的爆发式增长和屡次出圈，与体制机制改革创新密不可分。以湖北广播电视台为例，体制机制改革是把握短视频新兴赛道、提升自身造血能力的关键抓手，进而赋能主流媒体“转场升维”，实现共“融”互“通”。

---

① 莱文森．数字麦克卢汉：信息化新纪元指南［M］．何道宽，译．北京：社会科学文献出版社，2001.

② 麦克卢汉．理解媒介：论人的延伸［M］．何道宽，译．北京：商务印书馆，2000.

1. 做好内容中心制改革的乘法

湖北广播电视台发挥内容中心的集聚效应、桥梁功能、叠加优势，促进内容中心体制改革。湖北广播电视台整合全台（集团）国际传播相关节目、资源、人员，组建国际传播中心，以鲜明的荆楚风格、荆楚风韵向世界讲好湖北故事、传播湖北声音，展示可信、可爱、可敬的中国形象；整合运营全台（集团）康养类、教育类、“三农”类产业资源，建成大健康中心、教育传媒公司、垄上传媒集团。其中大健康中心创新构建医疗、健康、养生等全民健康养生新模式，持续打造高质高效的大健康垂直生态链；教育传媒集团抢抓素质教育、职业教育、智慧教育转型机遇，融入新场景、探索新赛道、打造新业态，不断提升本土教育品牌综合实力；垄上传媒集团聚焦“三农”发展，构建农业特色鲜明、多元产业并存的湖北乡村振兴综合服务平台。

与此同时，湖北广播电视台从2022年开始施行内容创新“揭榜挂帅”机制，将其作为深化内容供给侧结构性改革，助推广电高质量发展的重要支撑。“揭榜挂帅”制度是平台（集团）内容生产机制的一次自我革新。打破了过去以频道为生产单位的模式，对重点项目在全台“张榜”征集生产团队，由台（集团）编委会直接对接项目组。通过自上而下地推动，实现流程再造，让优秀创意的种子有生根发芽的土壤，产出优质产品，赢得成长空间。通过“揭榜挂帅”机制，在更深程度上打开深化改革的“缺口”，激活创新创意的“一池春水”，建立起在生产上相对独立、在监管上跟踪问效的制度框架，使得一线有能力有意愿的内容生产团队能跳出旧有制度下自主性不强、积极性受限、创造性得不到充分发挥的羁绊，充分发挥创新意识和专业能力，产出优质内容产品，争当“出头鸟”，敢做“领头羊”。

广播剧《问天》《汉水人家》和系列视频产品《中国心愿》，就是由内容团队工作室主导的精品音视频产品。在“揭榜挂帅”制度的催化和护航之下，高度专业化、类型化的工作室团队得以充分发挥创作才能，充分保留创作空间，以专业匠心打磨精品佳作。该团队专研高品质音频产品，尤其是精品广播剧、声音纪录片的创作发行。《问天》《汉水人家》以文艺精品展现时代精神，填补了国内同类题材广播剧的空白，两部精品广播剧凭借过硬的质量吸引了广泛合作和宣推，于 2022 年 9 月底到 10 月初在中央人民广播电台、湖北之声、沈阳广播电视台、襄阳广播电视台、央广云听、央广网、长江云、喜马拉雅等平台全网播出，收获广泛关注和赞誉。配套推出的主题研学夏令营、“问天百问”系列科普音视频、《绿水和青山的童话》原创歌曲等周边产品进一步有力扩大了作品影响力，强化了作品生命力。

2. 做好融媒体工作室制改革的加法

工作室（workshop）这一提法源自德国建筑师和教育家瓦尔特·格罗皮乌斯，他曾开创一种“作坊”形式的实践教学场所，以便学生迅速掌握生产技能，将教学成果直接转化为市场产品，从而产生经济效益。广电媒体工作室是指由专业权威或业务骨干组建的生产运营团队，打破组织结构的横向界限，自主开展节目生产、项目运营和营销传播等活动的相对独立的运作机构。随着移动互联网迅速崛起，媒体平台更加多元化，生产流程和产品逻辑得以重塑，给频道制下的内容生产和运营模式带来生存挑战。2019 年后，各省级主流媒体的工作室如雨后春笋般涌现。频道制大而全的管理体系已逐渐丧失传播优势，小而专的工作室在优化资源配置、调整定位和规划方向、激活团队活力方面优势明显，并越来越受青睐。

广电总局印发的《关于加快推进广播电视媒体深度融合发展的意见》指出，“推动媒体融合向纵深发展”是总要求和总方向；“深化体制机制改革”和“加大全媒体人才培养力度”是两个配套条件，即制度配套和人才配套。各省级广播电视台在推行工作室制的过程中，都是台（集团）出台配套办法措施进行体制机制改革和内部组织架构重塑，从人员任用、资金支配、资源调配、项目运营等各个方面给予优惠条件。例如，湖北广播电视台自2019年起在全台推行以制播分离为重点的融媒体工作室制改革，相继出台了《湖北广播电视台关于推进融媒体工作室制改革的意见》《湖北广播电视台融媒体工作室管理办法（试行）》《湖北广播电视台关于印发融媒体工作室人事管理、财务管理、考核升级管理等三个细则的通知》等文件，实行"一包干、二锁定、三自定、四约定"的管理办法，赋予工作室人员自定、岗位自定、薪酬自定等相应自主权。按照专业化、特色化、市场化目标，实行升级管理和退出机制。

自2019年起，湖北广播电视台就开启了工作室制改革探索之路，2021年正式全面推广工作室制度，通过赋权管理、盘活资源等措施探索扁平化、专业化、垂直化的体制机制改革。此后，湖北广播电视台不断深化融媒体工作室制度改革，建立健全了"室账部管"的财务管理制度、"能人领办、双向选择"的用人机制、"上不封顶、下不设限"的分配机制以及"能上能下、能进能出"的退出机制，确保真正将选人用人权、薪酬二次分配权、资源调配权等下放到工作室，切实激活基层的创新改革活力。目前湖北广播电视台共有49个工作室，工作室从以知名主持人为申报主体的1.0试运行发展阶段，走向有一技之长的人都能积极参与创建、全面开花的2.0阶段。

主流媒体可以通过组建一批个性化、市场化、以视听产品为主的工作室，形成高效的工作团队和成熟的内容风格，从而打造特色化的短视频品牌。湖北广播电视台旗下工作室深耕行业资源，布局健康、体育、旅游、美食等细分领域，差别化运营战略明晰。其中书婷工作室深耕优质视频创作领域，打造特色融媒品牌，风格鲜明的短视频成为行业顶流；好看工作室是一支小型、灵活、高效的视频精品制作"先遣队"，以青春化、浸润式的视听感官体验，打造具有全省乃至全国影响力的新媒体短视频品牌IP；

晓贤工作室凭借大数据系列创意产品屡获国家级和省级大奖，并以市场化创作思维推出一站式视听内容“创意 + 制作 + 传播”解决方案，深挖市场，实现了社会效益和经济效益双丰收。

3. 特色品牌 IP 助力短视频创作“一路生花”

国家广电总局出台的《关于深化影视业综合改革促进我国影视业健康发展的意见》中明确提出“探索对核心骨干的股权激励机制，允许关键岗位关键人才、作出突出贡献的人才在政策允许范围内获取相匹配的高薪酬回报”，配套建立利润分享机制，通过试点利润分红、单项奖励、增量奖励等方式，推动内容生产部门超额完成目标。有效的人才激励制度和措施能够激发一线员工创新创优的积极性，让大家把智慧发挥出来，让有能力的领军人才脱颖而出，让内容生产实现创新突破，从而激发人才创新动力，释放短视频发展活力，推动短视频创作高质量发展。

高质量发展要有强大的社会影响力，尤其是品牌影响力，或者说 IP 输出能力。IP 品牌是湖北广播电视台推动高质量发展的重要抓手。以新闻中心好看工作室为例，好看工作室是新闻中心集中优势人才倾力打造的融媒体产品专业工作室，通过优质原创新媒体视听产品打造具有全网影响力的融媒 IP，立足湖北，面向全国，实现了青春化、浸润式的视听感官体验。在业务实践中，好看工作室依托技术创新，风格上转变语态，加强网感，致力于在创意生产中提高视听产品的生产力、传播力、聚合力。好看工作室还坚持技术创新，穿越机、全景视频、全景航拍、高速拍摄、水下摄影、三维动画、裸眼 3D 效果制作、手绘动画、词云制作、AR 效果等新技术被运用于视听产品的制作之中，做到了真学、真用、真出彩。

例如，在《萌虎闹“荆”宵》唐城篇的制作中使用穿越机拍摄，在大屏呈现了极致的视觉冲击力；“非遗造桥”通过非遗工艺打造“桥见十年”系列；以新兴词云表现形式制作的《跟着总书记看中国丨见字如面》；以颜色的多彩展现湖北发展成就的《看！长江不只青绿》；以微缩景观呈现的全国两会报道《“荆”彩图荐》系列专题；以裸眼3D效果颁奖的《湖北省道德模范致敬礼》晚会；以VR效果展现的《跟着总书记看中国》、以AR效果制作的长江保护宣传片《一江清水 惠泽人民》等作品，篇篇都是有品质、有温度、有观点、有影响的视频精品。

4. 依托科学分析技术，推动短视频生产方式变革

以往内容生产的底层支持力量是人的经验，如今多种科学分析技术正在成为内容生产新的底层支持力量，它不会替代人的经验，而是在较大程度上改变生产模式与生产系统，驱动内容生产革命。在短视频融媒传播效果评估中，广电媒体可以依托互联网大数据技术及长江云平台，整合网上网下数据，通过数据融合运营与算法分析，建立动态反馈机制，分析爆款产品传播路径，总结传播效果，发挥长尾效应。

在融媒体传播效果评估方面，数据和算法是重要依据，基于科技而建立的动态反馈机制是搜集用户信息、改进节目质量、提升用户满意度，进而推动媒介产品优化的重要手段。湖北广播电视台POWER融媒大脑以技术创新为关键，抓住时机，加速从融媒向智媒发展。湖北台通过大数据分析爆款产品传播路径，总结传播效果，发挥长尾效应，引发报道的二次传播与关注。

广电媒体还可以利用手机UGC、网站内容采集、微信、微博爆料等多种渠道，将新闻线索回传并统一管理，形成云线索库；平台利用大数据分析、人工筛选梳理等方式，将海量信息按照具体用户需求进行分类整理，为用户提供更具针对性的线索订阅服务，用于后续新闻选题策划等生产发布工作，为媒体单位和记者提供更多热门内容及新闻线索；还可以对多种平台、多种格式、多种渠道汇聚的信息进行分析整理，从中提炼具备传播和推广价值的新闻主题；同时挑选相应的互联网、用户报料、历史资料等

内容，制定后续传播途径（如电视、网站、APP、微信、微博等）。

（二）打造全天候、全方位、立体化的直播生态[①]

传统的广播和电视等视听媒介，通常存在时间或空间偏向，信息的单向传递导致了受众自我与影像拟态环境之间的二元分裂。而网络直播的出现实现了时空的均衡，用户的深度互动参与弥合了前后台、虚拟与现实之间的界限。麦克卢汉曾断言："当信息以电速运动时，时尚和传闻的世界就会变成真实的世界。"在网络直播蓬勃发展的今天，传统电视媒体需要充分发挥自我优势，深刻把握网络直播的新媒介特征，方能"知己知彼"，将网络直播新形式"运用自如"。

首先，网络直播平台具有即时性特征。直播是即时传输事件或活动的过程，观众可以通过实时的视听媒体参与其中。在直播中，内容的可视化主要通过摄像机拍摄和转播现场的实时图像和视频来实现，无论是演唱会、体育赛事、新闻节目还是在线教学，直播都以视觉元素为主要呈现方式，使观众能够通过图像和视频直接感知现场情况，增强互动性和参与感。主播可以利用手机或摄像设备进行实时直播，分享自己的日常生活、专业技能、游戏操作等内容；观众可以通过弹幕、点赞、评论等方式与主播进行互动，形成一个实时的社交媒体平台。

在当下直播技术的主导下，任何非视觉的事物都可以通过镜头完成视像转化，在丰富多样的直播场景中，无论用户流动或切换到哪里，所看到的都是当前实时发生的他地景象，这种同步的即视感和沉浸感是直播技术的突出表征。同时，直播场景使得时间和空间融为一体，打破了传统的线

① 部分内容参考了吴宝洪等人发表于《新闻前哨》2023年第18期的文章《一次媒体深度融合传播的有益尝试——湖北广播电视台全媒体直播节目〈高校面对面，教你填志愿！〉解析》。

性时间，直播视频中的时间不再是标准化为抽象的数字，而是成为无差别的“此刻”。从空间上看，直播使人们的交往行为不再局限于特定的固定空间，只要进入了同一直播间，用户的时空就被统一和整合化。从印刷时代受众就有的“缺席的在场”的体验，在网络直播这种直观化、即时性的场景下变得更为真切。

其次，网络直播平台具有互动性特征。互联网出现之前，以使用与满足理论为代表的新受众理论就开始强调受众的主动性。① 亨利·詹金斯发现，在电视时代，粉丝社区就开始通过故事和艺术的创作参与电视内容的生产和制作了。② 以互动性为根本特征的互联网的诞生和发展，使原来的受众角色发生了根本性变化，即演变为“生产消费者”。③ 社交媒体的出现进一步加剧了生产者和消费者的融合，挑战了传统媒体时代的“只读文化”，开始催生一种“参与文化”。④ 网络直播中，观众不再是被动的观看者，而是成为活跃的参与者。他们通过评论、点赞和分享等行为来与创作者或主播互动，表达自己的意见和喜好。同时主播通常会积极回应观众的互动，与观众建立联系，形成一个互动和参与的社区。

德克霍夫曾指出：“电视的主要作用并不体现在内容层面，而是体现在拥有电子束扫描设备的媒介本身这一层面上，人们更多时候只是对电视的光束产生反应。”在网络直播时代，人们同样沉迷的是视听文本升级后的传达与反馈系统。当用户在观看网络直播时，会沉浸到包含实时影像、弹幕

① RUBIN A M. Television uses and gratifications：the interactions of viewing patterns and motivations［J］. Journal of broadcasting，1983，27（1）：37-51.

② JENKINS H. Textual poachers：television fans and participatory culture［M］. New York：Routledge，1992.

③ LARSSON A O. Interactive to me：interactive to you? a study of use and appreciation of interactivity on swedish newspaper web sites［J］. New media and society，2011，13（7）：1180-1197.

④ JENKINS H. The cultural logic of media convergence［J］. International journal of cultural studies，2004，7（1）：33-43.

文字、道具图片等多种元素的视听文本形态中，并通过打赏、弹幕、评论等方式不断与界面场景发生交互。在这种情况下，视频引发的观点碰撞和弹幕轰炸等互动取代内容本身成为真正的焦点，用户之间自发参与的层层互动成为全新的视听文本体验。

用户可以利用平台的点赞、评论、关注、转发等功能和主播及其他用户进行互动，让用户产生实时社交的感受，从而构建社交场景。当受众在这种场景中通过共享互动仪式获得共同的象征意义时，彼此的关系会更加紧密，从而更忠诚地融入参与式互动，形成一种相对牢固的参与式互动文化。通过不断制造交流、沟通以及获得权利的形式，打赏、弹幕、评论等工具不仅让用户获得了虚拟的媒介体验和享受，也让他们通过互动的形式深度参与。换言之，电视和现代的视频媒介都通过媒介本身的特性和用户之间的互动来塑造观看体验，内容只是其中的一部分，更重要的是用户如何与界面交互、评论、制造互动等。这种互动形式不仅赋予用户更多的参与感，也为观看体验增添了新的维度。

最后，网络直播平台具有沉浸性特征。在麦克卢汉的感官延伸论以及詹姆斯·凯瑞提出的技术偏向所形成的文化偏向论的映照下，基于社交性和互动性的网络直播融合了极致凝练、非线性叙事和多元视角转换等特点，打破了物理时空和传统“传受”关系的限制，运用视听技术突出视听感官符号的呈现，技术形态与个体感官相结合，创造了强烈的媒介能动性和感官联动的延伸效果。

网络直播把互动的范围扩至全部感官的调动，视听刺激变得更为强烈，带来了用户体验的全面升级。实时评论、交互操作、语音指令等形式变得常态化，带动了用户的参与热情，建立起一种群体共鸣和在场参与感。网络直播还创造了新的互动仪式，例如购买虚拟礼物进行打赏、弹幕刷屏表达感受、表情包行话寻求共鸣等，从言语表达到举止体系，这些互动仪式经过使用群体的重复强化，形成了独特的参与互动模式。观众可以通过直播平台的打赏功能向主播送礼物或打赏，直播平台会在屏幕上展示观众送出的礼物，形成所谓的“飞屏效果”，这种互动策略增加了观众与主播之间的连接和互动，实时化的影像互动与情感消费使得网络直播具有共同在场的视听感染力。

网络视频通过视听元素的创新及空间营造，实现了更具沉浸效应场景的再生产，基于日常化的视听语言作为基础元素，为场景搭建提供了全息化的信息及沉浸感的体验，增强了用户的参与度及卷入程度。对于用户而言，仿佛通过直播的窗口进入了另一个人的真实生活空间，这种对他者场景的想象、凝视与沉浸打造出了真实的在场感受。① 不断迭代的增强现实和混合现实等先进技术，使网络直播的互动程度和真实程度达到新高②，例如《长江日报》在2021年初打造的“MR两会直播间”模拟虚拟演播室，实现了MR“混合现实”效果，以更具交互感和创意感的方式全程报道武汉两会。

网络直播同样以新的技术形式和文化方式重组了传播环境，形成了崭新的场景系统。主播可以实时地将自己所处的环境和场景展示给观众，观众可以随时随地通过手机或电脑观看主播的实时场景，并与主播进行互动。这种跨空间的场景叙事可以让观众感受到一种“共在”的身临其境感。一场直播可以是一个音乐表演现场、一段户外冒险活动或者一次美食制作过程，观众透过直播画面感受到音乐的震撼、户外的刺激或美食的诱惑，从而增强跨空间叙事的沉浸感。

基于此，广播电视媒体应当把握好网络直播的即时性、互动性和沉浸性特征，具体从以下三个方面打造全天候、全方位、立体化的直播生态。

---

① 麦尚文，杨朝露．从议题互动到“场景融合”：网络直播的舆论功能与生态重构［J］．福建师范大学学报（哲学社会科学版），2020（3）：83-92，170-171.

② 王建磊．如何满足受众：日常化网络直播的技术与内容考察［J］．国际新闻界，2018，40（12）：19-31.

1. 全天候直播，锁定关键时段

如今，网络直播已成为新媒体传播的重要载体。网络观众可以在直播中享受身临其境般的用户体验，还可以通过转发、分享、评论、发弹幕等方式发表自己的看法，与直播发布者进行互动，将个体收看变成群体行为。就像纪录片、电影、电视节目一样，直播也离不开脚本的策划。抓住流量高峰，选择网络直播时段是关键。直播时间的长度在很大程度上决定了节目流量。

2023 年高考季，湖北广播电视台新闻中心推出《高校面对面 教你填志愿》直播节目，在 6 月 25 日至 6 月 29 日期间每天 9:00 至 18:00 进行不间断直播，以实现直播节目的最大效益，吸引网友最大程度的关注。直播期间，湖北广播电视台 3 名业务娴熟的主持人轮番上阵，40 多名编辑记者、技术人员后方支持，与来自高校的 30 位嘉宾一起“闹钟式”整点直播，每所高校直播时长 1 小时，通过提前制作海报、分发新媒体产品进行预告，每所高校的直播时间精准安排，仿佛上了“闹钟”一样。项目组对直播顺序进行了精心的编排设置，30 所高校除安排招生负责人解答校园设施、专业情况、录取分数等问题外，还邀请了专业的教育咨询专家解答关于高考志愿填报规则的疑问。这样的设置安排，可以让广大网友的疑问得到专业的解答，也助力考生填报心仪、合适的院校和专业。直播中各位嘉宾耐心回答网友提出的问题，在服务的同时提高了受众的好感度与关注度。

除了把握关键时段，直播覆盖时长也至关重要。全天候直播能够最大限度地呈现真实、临场的全过程变化，呈现震撼的效果。

2. 全方位辐射，资源整合无死角

随着移动互联网的发展，不同平台触达用户的方式和传播效果有所不同。通过全媒体编辑思维，将信息整合在不同的平台上，有效整合资源，

提高传播效果，实现信息的全方位呈现。多平台同步发布信息，可以更好地满足受众需求，提供更加细致和个性化的服务，实现用户体验的最大化，同时也可以帮助媒体寻找新方向、新机会和新领域的发展。因此，全媒体化不仅是一种新闻报道形态，还是媒体在业务运作的整体模式和策略上的思想变革，传统媒体和新媒体将实现融合，构建大传媒的信息传播、互动、服务平台，传统媒体在全媒体化时代应提前谋篇布局。

2023 年 6 月 9 日，湖北广播电视台新闻中心正式挂牌成立。该中心由湖北台原新闻广播事业部、原融媒体新闻中心（公共·新闻频道）整合而成，迈出了广播、电视、新媒体三者深度融合的关键一步，是湖北台全面深化改革的重点项目。中心实行“信源共享、统一调度、分端生成、全屏传播”的策采编播新机制，不断推进“主流新表达、传播新矩阵、垂直新生态、发展新格局”的系统构建，致力于建设具有强大传播力和影响力的新型主流媒体。

作为湖北广播电视台新闻中心成立后广播、电视、新媒体深度融合的第一场关键战役，《高校面对面 教你填志愿》全媒体直播节目打通全媒体资源，将湖北广播电视台最具影响力的几大新媒体平台予以整合、统一调度、同步直播、全面覆盖。每天白天直播结束之后，节目组为每所高校精心打磨一篇（条）服务性强的精美推文、短视频，在长江云新闻第一时间宣发；湖北卫视《湖北新闻》和《湖北 10 分》、湖北公共新闻频道《长江新闻》以及湖北之声的广播节目提炼直播重要信息，跟进推出服务性报道，既在网络平台上为考生答疑解惑，也在广播、电视节目中解读高招信息。通过新媒体小屏与电视媒体大屏的无缝衔接、资源共享，将高招节目效果和信息传播最大化，进而实现广播、电视、新媒体的深度融合。

3. 立体化宣传，形式丰富多样

立体宣传即宣传活动立体化，是一种宣传工具多渠道、多样式的宣传手段，指宣传主体运用一切宣传方式占据人们的生活空间，使人被宣传气氛所包围。其方式不仅包括利用广播、电视、报纸、网络等新闻媒体工具占领人们的碎片化时间，还包括利用标语、宣传画、宣传橱窗、黑板报等在街头巷尾进行宣传。

例如，《高校面对面 教你填志愿》直播节目通过设置多样化的节目形式和宣传方式，让人不觉得千篇一律。直播既有固定化的设置，也有灵活机动的方式，把节目嘉宾请进演播室，并且安排记者或主持人走进高校去探访。节目组专门邀请中国科学院院士、武汉大学校长张平文，中国科学院院士、中国地质大学（武汉）校长王焰新等 5 所高校的书记、校长向考生们真情“喊话”预热，视频内容在网络上被广为转载，还被湖北省教育厅和各高校官方微信视频号第一时间转发。

湖北广播电视台和湖北省农业农村厅、湖北省扶贫办联合主办的“百天千万扶贫行动”，以“主题宣传 + 新闻故事 + 扶贫代言 + 互动直播 + 大型活动 + 电商销售”的多种宣传方式，围绕长江云平台县级融媒体中心和京东、淘宝、有赞等电商销售平台，获得了巨大的宣传成效，助力湖北脱贫攻坚。在 100 多天的时间里，长江云竭力为贫困地区的农副土特产品和手工艺品推广宣传，连接一切扶贫资源，通过网络投票提高全社会对湖北名优土特产品的关注；精心策划红安苕、丹江口翘嘴鲌、恩施玉露、秭归脐橙、新疆香牛等农产品的全媒体直播，将原本只能通过网络图片“仅供参考”的模式转变为“全方位在场”的互动展示。

（三）探索短视频 + 直播 + 社交的融合“出圈”模式

媒体融合自 2014 年上升为国家战略以来，从概念到实践一直在动态发展。互联网诞生之初主要表现为媒体形态的融合，传统媒体基于媒介技术变革、受众对媒介使用需求和习惯的变化，借助网络技术进行外延式融合。

移动互联网技术广泛应用后，传播媒介的功能、手段以及组织结构等发生了质变，互动、在场以及共享改变了信息生产和传播的理念及方式。[①]最初的互联网由少数资源掌控者主导，而当 Web 2.0 成为主流后，权威控制主导的互联网体系转变为自下而上由广大用户主导的互联网体系。正如彭兰教授指出，Web 2.0 的动力来源在于将互联网的主导权交还给个人，充分挖掘个人的积极性，使之参与到传播体系中来。[②]在移动互联网时代，信息传播的环境和方式变得开放、多元，有且仅有一个核心节点的传播模式已经不太符合实际。

从互联网本身的技术根源而言，互联网的体系结构即唯一的标准——TCP/IP 直接决定了其去中心化的特征。安德鲁·查德威克在《互联网政治学：国家、公民与新传播技术》一书中分析并解读了 TCP/IP 的四项最基本的原则。其一，每个不同的网络必须代表它自己，当它接入互联网时不应该被要求进行任何内部调整。其二，网络传输应该基于最小努力，如果数据包不能抵达最终目标，那么这个数据包应从其来源之处迅速被再次传输。其三，以“黑盒子”来连接网络，这些“黑盒子”后来被称为网关和路由器。信息流动数据包通过网关时不应该有信息滞留，因此要使信息数据包简单化，避免复杂匹配，以备日后复原各种失败信息。其四，在运行方面不应有全球层面上的控制。上述四项原则是 TCP/IP 的核心价值观，其中第三项与第四项原则指出互联网缺少中心化控制，出于监视的目的来控制数据流动是非常困难的，预示着互联网在技术层面的去中心化特征。[③]

以离散性、多节点为特征的互联网技术结构为网络传播的去中心化注

---

① 王炎龙，邱子昊．供给侧结构性改革视阈下媒体融合的格局重构［J］．湖南科技大学学报（社会科学版），2019，22（5）：126-133.

② 彭兰．WEB2.0 在中国的发展及其社会意义［J］．国际新闻界，2007（10）：44-48.

③ 查德威克．互联网政治学：国家、公民与新传播技术［M］．任孟山，译．北京：华夏出版社，2010.

入了技术基因，使信息生产和传播结构更加多元，信息传播从原本“你说我听”的单向式、线性化传播向“双向沟通”的网状化扩散、裂变式传播转变。如今的互联网时代媒介生态已经发生了革命性的转变。

首先，互联网时代的媒介生态已经是一个多主体的生态。保罗·莱文森在《数字麦克卢汉》一书中认为，“在新一轮信息时代来临时，权力结构将面临巨变，数字时代打破了中央集权形式，个人的角色因而变得更重要”。[①] 在 Web 1.0 的门户网站时代，信息主要依赖媒介内容生产者提供，受众只是一个被动接收信息的客体。Web 2.0 时代，受众的主体性开始逐步增强，受众的概念变得模糊，逐渐演变成信息的参与者、制作者、提供者与体验者，融合背景下，受众的角色向产消者（生产者 + 消费者）融合。进入 Web 3.0 时代之后，在 5G、AI、VR 等技术的加持下，媒介再现方式进一步革新。在这个过程中，原本被动接收信息的客体开始与物连接，打破了人与物、人与人、人与内容之间的壁垒，客体也完成了从“受众”到“用户”之间的转变，作为主体性的个体，开始参与到内容生产中来。

鲍德里克等人提出了信息传播的四种模式：训示、协商、注册和交谈。他们指出，随着互联网新媒体特别是即时通信和社交平台的发展，传播结构正日益从单向的训示模式转变为协商、注册和交谈模式，并且可以在单个媒介上实现这些模式的融合。[②] 在传播主体方面，由于互联网的准入门槛几乎为零，传播者和接受者的身份界限逐渐消弭。当前传播领域面临的是一个全体网民进行信息生产、信息传播的媒介环境，在这种情况下，专业媒体的“把关人”地位以及议程设置能力被稀释和改变。

媒体融合背景下的短视频所具有的独特性主要在于重新构建了传统意

---

① 莱文森．数字麦克卢汉：信息化新纪元指南［M］．何道宽，译．北京：社会科学文献出版社，2001.

② 迪克．网络社会：新媒体的社会层面［M］．蔡静，译．2 版．北京：清华大学出版社，2014.

义上的“生产者—用户”之间的身份和权力关系，打破了原本媒体传播时代里“自上而下”的层级结构，媒介资源从中心化的媒体机构转向大众，大众得以参与视听内容生产的，原本清晰的“生产者—用户”的身份日渐模糊。技术的快速发展带来了传播门槛的降低，万物皆媒的时代迎来了多元的传播主体，短视频和直播的内容生产主体不再以知识精英为主，而是向普通人扩散，从专业生产内容（Professionally Generated Content，PGC）向用户生产内容（User Generated Content，UGC）的生产主体转变已然完成。同时，专业生产内容与用户生产内容（Professional Generated Content + User Generated Content，PUGC）的融合发展也在积极探索的过程中。随着人工智能、增强现实等智能技术的发展，人工智能生成内容（Artificial Intelligence Generated Content，AIGC）也将在未来赋能视听内容的生产[①]，带领视听产业走向高效快捷的可视化生态之中。

在媒体融合发展中，短视频的用户生成内容扮演着重要的角色。短视频平台如抖音、快手等提供了简便易用的工具和功能，使用户可以在短时间内轻松创作出有趣、创新和富有个性的视频内容。用户可以通过手机拍摄、编辑和分享自己的视频作品，包括搞笑段子、才艺展示、旅行记录、美食分享等各种类型。这些短视频作品通常以简洁明快的形式呈现，往往具有快节奏、多样化和易传播的特点，吸引了大量用户参与和关注。短视频的 UGC 生产模式为普通用户提供了一个展示才华、分享兴趣和表达自我的平台，打破了传统媒体对内容生产的垄断，使更多的人有机会参与内容创作和传播，增强了用户参与感和归属感。大众媒体时代以纸媒为中心的输出式文化路径已经被颠覆[②]，网络虚拟社群里的参与式文化正在逐步改变

① 冷淞，张丽平．崇高降陨与日常再造：从生活美学看短视频的审美进路［J］．现代传播（中国传媒大学学报），2021，43（2）：101-105.

② 陈慧东，韩隽．碎片化时代的网络媒体奇观：浅析网络直播热潮［J］．新闻知识，2018（2）：18-20.

视听生态。

其次，互联网时代发生了“去中心”的传播权力下移。1990 年，美国学者马克·波斯特在《信息方式》一文中首度提出了去中心化的概念，指出“在信息方式的第三阶段，即电子传播阶段，持续的不稳定性使自我去中心化、分散化和多元化”[①]。1995 年，他在《第二媒介时代》一书中将“去中心化”的焦点从自我意识的消解转移到传播方式的改变上，并进一步明确了电子媒介时代的去中心化、分散化和多元化特点，将其描述为“双向的去中心的交流”，将网络信息传播的本质特征概括为“双向沟通、去中心化”的传播形式。[②]

波斯特把大众媒介时代划分为两个媒介时代：互联网诞生之前的大众媒介时代被称为“第一媒介时代”，以互联网为代表的新媒介时代被称为“第二媒介时代”。第一媒介时代主要是播放型传播模式盛行的时代，由少数文化精英和知识分子主导，传播方式是自上而下、由一对多的单向传播。随着信息“高速公路”的出现以及卫星技术与电视、电脑和电话的结合，第二媒介时代跃入眼帘，几乎人人都可以参与分散的双向交流。在这个时代，一种集制作者、销售者、消费者于一体的系统得以产生，交往传播模式呈现出全新构型。在马克·波斯特所谓的“第二媒介时代”中，原本的“理性的自律主体”被颠覆了，取而代之的是适应新文化语境的新型“信息主体”，他们是游移的、多重的、散播的、去中心的、去权威的。[③]

在日新月异的快节奏社会生活中，短视频在众多的媒介形式中脱颖而出，与传统媒体的生产者中心论不同，短视频使每个人都能成为内容的生产者和参与者，通过大众的自主创造和积极参与，延展了影像媒介的主体

---

① 波斯特．信息方式：后结构主义与社会语境［M］．范静哗，译．北京：商务印书馆，2000.

② 波斯特．第二媒介时代［M］．范静哗，译．南京：南京大学出版社，2000.

③ 刘涛．互联网中的主体与身体：马克·波斯特“数字主体”思想论析［J］．西南民族大学学报（人文社科版），2010，31（11）：198-201.

边界与呈现想象，缩小了视觉影像所构建的拟态环境与真实现实环境的偏移，让短视频呈现出更趋向真实的态势。同时，大众文化权力的兴起意味着原始权威中心的消逝，在传播领域，去中心化的本质特征是信息资源的泛化与传播权力的下移，进而呈现出互联网时代全民参与、个性张扬的繁荣景象。① 媒体融合发展和交融互渗正在构建一种无边界、去中心化的传播规则。在传统媒体时代，内容生产和文化经验主要由专业媒体和少数意见领袖来塑造，但在媒体融合带来的去中心化规则中，这种格局正在发生改变，多元主体崛起导致文化传播权力变得分散和多元化，不再局限于单一的单向度传播模式，文化传播权力下移已是鲜明可见的社会图景。

短视频的内容生产是传播领域精英化色彩消退的结果，科技的进步满足并表达了大众实现自我展示的需求。多元主体的媒介生态形成了"众声喧哗"的内容生产效果，主流话语和精英意识被改写。专业媒体生产的专业性和行业壁垒被打破，专业范式转为平民范式。传统影像的叙事逻辑转向生活化、口语化、场景式和非线性的内容建构，内容题材不再局限于具有高度关注度的热点新闻事件、热门的历史社会和经济问题上，而是由这些传统中心化的话题热点扩散到日常生活的方方面面。大众以最真诚袒露的方式将日常生活情境等进行影视化的构建与表达，个体注重对自己平凡生活的展示，内容样态变得高度丰富多元。短视频和直播平台完全颠覆了传统的"传–受"关系，在这一领域中的内容传播者和接受者互为传播者和受众，实现了难以分割的互融共通，催生出高频密集的生产态势以及个人化、生活化的叙事主题。

最后，如今的视听传播环境具备碎片化的后现代主义特征。20 世纪晚期，西方后现代主义研究者提出了"碎片化"一词，原意为完整的东西破成零片或零块，近年来被国内学者黄升民等人引入传播学领域，进而探讨

① 冷淞."人间烟火"的景象迁移与"现实图景"的双向建构：新冠肺炎疫情下短视频与拟态环境重构［J］. 新闻与传播研究，2020，27（9）：111-125，128.

信息碎片化、受众碎片化以及媒介碎片化等方面。[①] 作为全媒体时代的新兴媒介形态，短视频集生产与分享于一体，能够有效实现视觉传播与听觉传播的高效融合，具有轻量化、表现力强、直观等优势。短视频通常以几秒到几分钟的时长呈现，与传统的长视频相比，可以通过短短几秒到几分钟的时间迅速传达信息，因此观众可以在不同场景和时间段内进行观看。

无论是在公共交通工具上、休息时间还是等待排队时，用户可以随时打开手机观看一段短视频，满足碎片化时间的消遣需求。为了在短时间内传达内容的核心要点，短视频往往采用精简紧凑的形式，创作者需要在有限的时间和镜头中表达主题、情感或故事，通过剪辑、特效和音乐等手段展示出精彩的内容和独特的创意。短视频的碎片化特征符合了现代社会碎片化时间的观看需求，适应了观众快节奏、多任务和碎片化的生活方式。

传统的线性观看模式通常涉及观众在特定时间通过电视或电影等媒体平台按照预定的时间顺序观看内容。而短视频以更短的时间段和更紧凑的内容形式展示信息，这与传统的线性观看模式不同，观众可以通过浏览和点选不同的视频片段或直播场景来获取信息，而不必按照线性顺序观看整个内容。短视频通过提供碎片化的内容，改变了观众获取信息的方式和观看习惯，观众可以通过移动设备随时随地访问，不再受限于特定的时间和地点，也可以根据自己的兴趣和需求自由选择感兴趣的内容，而不再被电视节目或电影院的预定时间和节目选择所限制。

短视频依托平台提供的内容制作手段，可以将众多影像素材通过蒙太奇剪辑转化成服务于内容和价值主题的视频语言，拼贴出全新的意义和视听体验，文本呈现出明显的后现代主义风格。伯明翰学派认为，“拼贴”是指亚文化青年通过对原有物品的挪用或者对意义的篡改，使物品具有与自

① 汤晓芳. 大数据时代：媒体广告经营模式融合与嬗变［M］. 南昌：江西人民出版社，2016.

身价值和理念的一致性，从而实现了亚文化的反抗潜能。[①] 短视频的拼贴即视频制作者对原有文本的元素、场景等进行解构，并根据想要的传播效果进行重组和再创作，使原本的意义发生转变，从而带来全新的视听体验，同时拼贴也使得作品叙事零散化和碎片化。[②]

短视频以形声一体化的可视影像作为载体来进行交流，直接作用于人的感官，调动观众的感官刺激，通过技术和表意符号元素的拼贴，以吸引观众的注意力并提供丰富多样的体验，例如采用快速剪辑和多样化的转场效果，通过快速的画面切换和流畅的过渡来增加视觉动感和节奏感。这种拼贴技巧可以吸引观众的注意力并创造出令人兴奋的观看体验；通过字幕和弹幕来增强视觉效果和传达信息，字幕可以在画面上显示文字，用于解说、说明或强调关键信息；弹幕则是观众实时评论和互动的文字，可以增加观众的参与感和社交性；通过拼贴和叠加使用各种滤镜和特效选项，改变画面的颜色、风格和氛围，为内容增加独特的艺术感和吸引力；通过添加背景音乐、音效和声音剪辑，可以增强内容的情感表达和观看体验，音效和音乐的拼贴可以创造出戏剧性的效果或营造特定的氛围。

总之，短视频和直播内容生产中常使用各种视觉效果和图形元素，如标题、标签、动画、图标等，这些元素的拼贴可以提供额外的信息或增加画面的趣味性和可视化效果。通过使用这些技术和元素进行拼贴，短视频和直播内容创作者可以创造出多样化、有趣和引人注目的内容，以满足观众的碎片化视觉和听觉需求。短视频和直播正在改写媒介生态和社会图景，构筑一个多主体、去中心、碎片化的新视听媒介场景。这种碎片化传播方式适应了现代社会碎片化的时间和观看需求，使观众能够更加自由地选择和获取信息。基于此，广播电视媒体可以从以下三个方面探索短视频 + 直

① 刘大正 . 短视频时代的形象建构与用户审美满足研究：以抖音、快手等为例［J］. 文艺争鸣，2020（8）：92-97.

② 杨仁敬 . 美国后现代派小说论［M］. 青岛：青岛出版社，2005.

播＋社交的融合“出圈”模式。

1. 把握社交化的视听传播趋势

保罗·莱文森认为：“媒介的进化，是由人指引的媒介的进化，是增加我们交流选项的进化。”[①] 他提出的“人性化趋势”将媒介演进的根本动力归结为人类本身的能动性，媒介演化的方向始终是满足和服务人类需求。回溯漫长的人类传播发展史，对信息交流的渴望带来了姿势、表情、语言等传播媒介，开启了传播媒介发展与社会交往相伴相生的社会发展历史，这些媒介不仅满足了人们的交往需求，也推动了媒介演化。因此，可以说人们的社交需求是媒介演进的核心动力和原因。

社交是人类在漫长的进化途中所形成的本能需求，是人与人之间沟通交往的主要方式。在社交活动中，人们实现了沟通与协作、归属与认同等，同时社交网络也成为媒体与受众之间建立有效联系的主要途径。从 20 世纪末开始，天涯、猫扑、西祠胡同等论坛在中国互联网出现，中国的社交网络经历了十年发展，其功能从最初的以聚合信息、展现信息、发布信息为主，逐渐向着移动化、多元化、智能化与兴趣化发展。2009 年新浪微博的推出开启了微信息社交时代的序幕；2010 年，伴随着微信上线、网络的不断普及和智能手机的广泛应用，移动互联网社交应运而生，迎来了蓬勃发展。移动互联网和社交媒体的发展让人们真正进入了社交网络时代，整个媒介生态发生了重构。

媒介技术的发展不仅改变了整个传播生态，更改变了人们的媒介使用习惯和方式。社交媒体被认为是能够提供人们撰写、分享、评价、讨论和相互沟通的网站和技术，在网络社会中发挥着重要作用，人们利用这一平台分享意见、观点和经验。《从莎草纸到互联网：社交媒体 2000 年》的作

---

① 莱文森．莱文森精粹［M］．何道宽，译．北京：中国人民大学出版社，2007.

者斯丹迪奇认为，人类很早就开始了原始的社会化交往实践，而现代意义的社交媒体的出现建立在移动互联网和手机终端技术基础上，是对于现实社会中的人际关系与社交圈的衍生与拓展。[①] QQ、微信、微博等社交网络的出现不断丰富乃至改变了人们的社交方式，社交媒体逐渐成为当代网络群体在虚拟空间之中的核心社交场域，在社交网络中进行视频内容的观看与分享成为人们的生活常态，超越物理时空局限的“脱域交往”战胜了此时此刻此地的“在场交往”。网络用户一边在以微信为主的“小世界网络”中利用社交链条和碎片化时间，不断获取实时更新的相对同质化的好友图文和影像信息；一边在以微博为代表的“无尺度网络”里，不断打造数字化身，在与异质网友的弱连接互动中交流信息和建立归属认同[②]，社交网络时代已来临。

社交媒体的出现赋予了用户参与空间和交流平台，用户获取资讯、娱乐休闲、在线问答等都可以经由社交媒体实现，社交媒体不仅仅是传递信息的媒体，也成了一种新型的社会形态，渗透到人们生活的各个方面。以互联网为承载平台的社交媒体几乎是以往所有媒介形态的集合[③]，人们日常获取信息、休闲娱乐、聊天交流等都能够在社交媒体中完成。相较于传统的“面对面”人际交往而言，信息化时代的社交媒体交往的强互动性让用户逐渐形成了一种习惯性依赖，社交媒体不仅是内容生产的平台，也是形塑用户关系的网络。以电视社交化为例，电视作为最大众化、最具传播效力的传播媒介之一，将视听符号融为一体，实现了跨时空传输，连接了人与人、人与环境。最初，电视是家庭社交的主要载体，所有家庭成员围坐

---

① 马原．关于电视媒体与社交媒体融合转型研究的思考：基于国内外研究学者的研究综述［J］．新闻与写作，2019（5）：48-51.

② 吕欣，王俊城．社交网络的视觉成瘾机制研究：基于微信朋友圈的示例［J］．现代传播（中国传媒大学学报），2019，41（12）：97-100.

③ 聂莺．媒介环境学视野下的社交媒体依赖现象［J］．东岳论丛，2015，36（2）：189-192.

在电视机前、面对面地交流彼此的观点和看法，或是邻里、同事、好友之间通过分享和讨论观看的电视节目获得一种社交化体验，电视内容成为社交谈资和文化认同的素材。

马克·S. 格兰诺维特提出人际关系网络可以分为强关系网络和弱关系网络[①]，认为“强关系”维系着群体、组织内部的关系，“弱关系”在不同群体、组织之间建立了联系纽带；“弱关系”更多传递信息与知识等资源，“强关系”则更多传递信任感与影响力等资源，并带来情感支持。传统电视节目以家庭为社交单位进行收看，通过家人、朋友、同事和邻里对电视内容的评价与讨论进行社会交往，形成同质化的“强关系网络”。随着社交网络的崛起，视听影像的观看、评论、分享从亲友邻里的封闭模式扩大至陌生网友之间的广泛社交化模式。社交电视是由电视和数字技术融合所带来的新形式，支持社交、以计算机为媒介的群体观看体验，它有效地结合了社交网络的主动体验和电视观众的被动收视，使得传统上原本孤立封闭的电视观看行为成为一种公共的、开放的、互动的体验，赋予用户更多的选择权与更丰富的观看体验，用户的收视行为不再是孤立的，而是嵌入整个社交网络。

电视媒体引入社交元素，使观众不再被动地接受电视节目，而是可以根据自身喜好、好友推介或互联网信息来自主选择电视内容。从这个意义上来讲，社交电视本质上是一种观看电视的方式，即电视收视行为的社会化，社交电视发挥了社交网络的作用，让电视用户通过社交网络分享和讨论自己看过的节目，并影响其他社交网络用户的观看选择。通过平台思维实现电视与社交媒介平台的深度融合，打通内容到达用户的入口，激发用户的参与欲望。

总的来说，社交媒体的兴起和发展改变了传统媒体的格局和用户的参

① GRANOVETTER M S. The strength of weak ties［J］. American journal of sociology，1973，78（6）：1360-1380.

与方式。它提供了新的信息传播和社交途径，使得用户成为媒体活动的积极参与者和传播者。无论是通过电视社交还是移动媒体社交，社交化的媒体形式重塑了人们的社会关系、社交行为和传播模式，为传统媒体带来了新的机遇。

另外，移动社交媒体的发展正在重塑人际交往的方式，也塑造着个体参与社会生活的方式。通过社交媒体，人们被重新连接和组合，每一个参与社交传播的个体因关系转换而连接组合形成一个庞大的虚拟网络，在这个网络中，作为节点的个体可以超越时间、空间的限制，以兴趣、爱好、价值观等为基础，重新组合为一个个虚拟社区。社交网络不同于传统媒体的中心主义，它是一个多点相连、自然散落的多维网状结构，人们以兴趣为基点，自发形成不同的圈子，呈现出社群化和圈层化的传播机制。作为社会性动物，人们总是在同他人交往的过程中产生社会关系，从这个意义上来说，社交媒体的圈层化生态形塑了个体的社会关系、社会化生活环境和情感体验，同时形成了以内容为核心、以社交关系为纽带、以分享与互动为形式的传播模式。

与大众传播时代不同，社交网络时代的传播权力重新“回归”至网络的节点即个人手中。基于关系意义的社交媒体崛起，一方面深刻改变了人们交往的方式，让个体成为传播的中心，另一方面也促使视听内容愈发依赖社交网络进行传播。在这一社交化的视听传播趋势下，我国大部分主流媒体已经纷纷进入微信、微博、QQ 等社交媒体平台，利用这些社交平台发布信息与资讯，并积极与用户展开互动交流。用户则在社交平台点赞、评论或转发媒体信息，这也使得用户更加有效且深度地参与媒体活动。传统媒体的社交化转型改善了过去媒体“无回应式”用户交流的问题，并且突破了物理层面的时空限制，丰富了信息传播交流的场景。整体而言，社交媒体实现了端口、场景与位置的叠加，客观上挤压了传统媒体的生产空间，但也为传统媒体提供了新的机遇。

广播电视媒体自发展之初基本以“自制自播”为运营模式，多数内容由广播电视内部人员策划、创作，并在既有的广播电视栏目、频道等传播平台上播出。然而实际上，视听行业的进步需要“经营媒体”理念的建构，需要广播电视媒体利用手机、互联网等新型移动终端加快拓展移动电视、手机电视、短视频等新媒体业务，将其从单纯的传播“渠道”或承载信息的“载体”向适应多媒体播出需求的内容提供商和运营商转型，努力做到新旧媒体业务的整合，挖掘新媒体强弱社交的传播新潜力，实现跨媒体经营和规模经济效益。

在人民日报社等中央级主流媒体的带领下，大部分广播电视媒体已经开始拥有自己的微信公众号、抖音账号、微博账号等一系列新媒体平台账号，在发挥发布新闻资讯等基本功能的同时，精准定位受众的口味和喜好，通过语言镜像化、画面丰富化、声音场景化、评论自由化等多种形式拓展媒体的社交功能，以吸引受众的关注与认可。但是不容忽视的是，随着传播技术的不断进步革新，智能传播成为主流，场景化、沉浸化的视觉体验背后，是新闻叙事语言中影像充斥引起的语词物象堆积，是文字视听化呈现背后引发的主观情感的肆意激发、疏于价值判断导致的思维浅表化、语言深意消退和消费快感诱导的文化意蕴的丧失。

视听行业作为传统主流媒体，其着力点不应与新媒体一样落脚于幽默喜剧的表达和引人注目的画面带来的强社交关系，根据媒体定位和社会功能的不同，广播电视媒体在发展过程中注定要在必要时限制与受众的过度互动，对于社会影响力极大、涉及严重矛盾冲突、具有法律典型性、发酵时间长、舆情转变较快等类型的新闻，为了尽量减少造谣传谣、媒介审判等负面现象的出现，在新闻报道中广播电视媒体仍然需要坚持严肃、严谨、严密的风格，适当减少网民随意发表言论的自由度，做到“弱社交”；在娱乐性新闻、社会调查、随机采访等轻松的新闻类报道时，可以适当增加与受众的互动频率，广泛收集观众的意见观点并积极予以反馈，做到“强社交”。

2. 推动直播＋短视频融合发展

随着“5G+AI”技术的进一步发展，短视频和直播的融合将逐步推进，直播将成为短视频平台的标配和“承重墙”。[①] 短视频和直播的目标群体基本相同，短视频平台可以为直播提供更广泛的用户基础，成为直播快速“出圈”的助推器，而直播能够增强短视频用户黏性并丰富平台的功能以满足更多样的使用需求。

短视频以其碎片化的特点适应了用户的需求，而直播则具有相对固定的时间段，二者在时长上可以互相补充。当直播平台加入短视频板块后，用户在短时间内无法观看直播的情况下可以选择观看短视频，填充碎片化的时间。反之，短视频平台加入直播功能后，可以满足用户在观看短视频时的实时互动需求，并提供更加丰富的内容。

直播内容相对于短视频来说受时空限制较大，难以留存。而短视频可以弥补这一短板，通过二次加工直播内容并进行分发，获得二次流量。这种互动性的转化可以有效提升直播内容的影响力和可观看性。短视频与直播平台的融合能够提供更多样化的内容和功能，满足用户多样化的需求，为用户带来更丰富的观看体验，并为内容创作者和平台运营者提供更广阔的发展空间。

短视频和直播已成为最重要、最高效的信息表达方式，是传统媒体转型的突破口。作为互联网时代的媒介新形态，短视频凭借以秒计数的轻量简洁以及强社交性的开放、交互等特点，契合网络受众需求，在互联网移动传播的作用下向纵深发展。在直播和短视频平台中，人们依靠场景和关系感知生活，依靠算法和大数据接收信息，依靠短浅化的内容构筑一个民

---

① 喻国明 . 洞察中国视频产业的未来发展：机遇、挑战与对策［J］. 新闻与写作，2021（7）：66-70.

间化、大众化的后现代传播场域。探索“直播＋短视频”的融合发展已经成为视听产业转型的重要赛道。

直播转录视频是直播和短视频融合的一种常见途径，通过将直播活动的录像素材进行后期剪辑和处理，制作成精彩的短视频，以吸引更多观众关注和传播。将直播录像素材进行后期处理，包括剪辑、调整画面质量、改善音效等。可以通过剪辑选择精彩的片段，删除冗长的部分，提高整体观看体验。通过添加字幕、标注弹幕或配音，使内容更加清晰易懂。可以在字幕中加入重点信息、关键词或者解释，提供更多的细节和背景知识。通过为视频添加吸引人的标题和缩略图，实现在短视频平台上吸引更多的人点击和观看，提高视频的曝光率和用户触达率。

另外，短视频引导直播也是一种直播＋短视频的融合方式。通过在短视频中预告即将进行的直播活动，可以提前引发观众的兴趣和期待，吸引他们参与直播。在短视频中宣传即将进行的直播活动，通过文字说明、影片片段预览、主题标签等方式引起观众的关注，可以适当透露一些即将呈现的亮点和互动环节，激发观众的好奇心。利用直播活动的先行素材制作短视频，展示活动现场的精彩片段，以及即将进行的内容亮点。通过剪辑和编辑，让短视频充满吸引力和悬念，引发观众的兴趣。

总体而言，短视频和直播的出现为观众提供了更大的观看灵活性和参与度，同时也为主流媒体提供了更好的创作表达和吸引观众的机会。短视频和直播的流行既符合去中心化、碎片化和大众化媒体传播的新趋势，也促使各级主流媒体告别传统的叙事方式，转向更多元、可视化的视角。

3. 搭建多平台的社交媒体矩阵

现代社会在本雅明、帕克等人看来是“陌生化”社会，基于“陌生化”社会建立起来的人与人之间的社会关系被帕克称为“次属关系”，对应传统熟人社会中的人际关系则为“首属关系”。[①] 在互联网时代下的社交媒体环境中，尤其是以微信为代表的强社交网络出现，改变着人与人之间的陌生化关系，将人们重新拉回了圈子化的“熟人社会”，人与人之间的社会交际建立在一定相识的基础之上，相识的关系连接为人际交往增添了血缘之外的信任，圈子化的社交关系也让互动更为从容和丰富。

与此同时，随着互联网的快速发展，人们面临着大量的信息，包括新闻、文章、视频、音乐等，人类已经从信息匮乏时代进入了信息过载时代。如果没有帮助人们过滤和筛选信息的工具，人们很难找到自己感兴趣和有价值的内容。在解决信息过载、提高传播效率的过程中，算法推荐应运而生。算法推荐通过分析用户的兴趣、偏好和行为，为用户提供个性化的推荐内容，帮助用户更有效地发现他们感兴趣的信息，将“人找信息”转变为“信息找人”。

美国哈佛大学社会心理学家斯坦利·米尔格拉姆在 1967 年描述一个连接人与社区的人际联系网时，提出了六度分隔理论，即你和任何一个陌生人之间所间隔的人不会超过六个。依照六度分隔理论的逻辑，视听内容可以通过社交媒体平台，基于熟人推荐和算法推荐两重关系网络，勾连观众之间的“强关系”和“弱连接”，使得传播呈现出裂变态势。基于熟人圈层推荐的传播机制将社交媒体的人际关系与内容触达相连接，用户发布的内容会推送给好友，获得基础的私域流量，确保视频号得到基本的观看量。基于算法推荐的传播机制则实现了不同内容的广泛触达，这种机制强化了人与多元内容的“弱连接”，确保其对于不同内容需求的满足，避免了完全由算法推荐主导而导致的信息茧房。

主流媒体可以通过搭建多平台的社交媒体矩阵，融合私域社交推荐和公域算法推荐方式，提供用户感兴趣的内容，从而激活视听内容的传播效

① 曾一果 . 由陌生社会回归熟人社会：微信中的新圈子文化［J］. 探索与争鸣，2017（7）：49-52.

力。基于好友关系的情感联结和身份信任给信息的传播添加了一层有形的“监管”，好友关系带来了较为坚固的情感共鸣和信任，这种情感共鸣使得信息在社交网络中传播得更快、更广，并且更容易引起他人的关注和兴趣。而信任可以形成一个链式效应，当一个人对某个内容表示信任，并且分享给他的熟人时，这些熟人在信任的基础上会继续传播给他们的熟人，从而形成一条传播链条。这种信任链效应使得信息可以迅速传播到更广泛的人群中，增加了它的影响力和可信度。信任和情感在熟人社交中扮演着重要角色，它们为信息传播提供了强大的动力。人们倾向于相信自己熟悉的人，并与他们建立情感联系，这种信任和情感共鸣促进了信息在社交网络中的传播和扩散，能够帮助视听内容通过朋友圈进行链式传播甚至成为爆款产品。

以湖北卫视打造的电视节目《非正式会谈》为例，该节目从第五季开始入驻了哔哩哔哩平台（BiliBili，简称“B 站”），采取先网后台的播出形式，实现了小众综艺节目的成功出圈。B 站最初以二次元亚文化出圈，拥有相当繁荣的社区生态和活跃的社群氛围，目前已经成为国内最为活跃的年轻人文化社区平台之一，汇聚了具有个性需求的青年群体，是社交媒体时代典型的社区模式平台。《非正式会谈》第五季的播出模式为提前一周在 B 站上线，下一周再登陆湖北卫视。如此一来，作为 B 站重要交互方式的特色弹幕文化便可以反哺节目内容，弹幕作为 B 站独特的圈层文化，用户在发送弹幕的过程中获得了意义空间的交换，粉丝文化和弹幕文化紧密结合，发挥社群互动带来的社交传播力量。同时该节目将长时间综艺节目中的高光、“有梗”片段剪辑成短视频内容在抖音等平台进行再创作和多次传播，通过网络社交将用户转化为传播渠道，将原本单一渠道的综艺节目多渠道分发获得最大流量，将视听节目的播出平台拓展到社交媒体，可以实现更为直接的传受互动。社交网络平台给予用户即时表达的机会，实现了信息传递与反馈同步进行，进一步推动了节目的传播力量。

1976年，动物学家理查德·道金斯在《自私的基因》中第一次提出了模因（meme），认为模因是一种文化传播或文化模仿的基本单位，通过模仿的过程从一个大脑转移到另一个大脑，从而在模因库中进行繁殖。《非正式会谈》节目在短视频平台的成功传播便是一种模因式的互动，“有梗”片段的幽默内容能够吸引年轻网民群体的消费和转发，内容本身的诙谐风格使得其衍生出的段子、视频和表情包等更加充满趣味性。威廉·斯蒂芬森提出的游戏理论认为，传播是受众具有高度主体性和主观性的“游戏”，用户在自主转发的过程中能享受到娱乐化价值和“游戏”的快感等。总之，社交媒体平台自身具有的虚拟性、开放性、互动性等为视听作品中内容模因的迅速传播创造了客观必要的条件，构建了广阔的传播平台和理想的传播介质。

主流媒体借助多平台社交媒体搭建传播矩阵，方便了用户将短视频、直播等通过链接或影像形式分享给小范围的熟人好友，或是广泛的陌生网友，进而分享自己对该内容的观点，同时接受其他用户对其的评论，形成用户与用户之间的互动；通过短视频平台的评论功能、直播平台的弹幕文化等与内容本身和内容生产者进行互动。将内容分享在社交网络中，可以激发用户的积极参与和互动，许多传统媒体均已搭建多平台的社交媒体矩阵，可以将热点新闻在微信、微博等社交平台上分享，并邀请网友参与讨论；将视频内容剪辑分发到短视频平台，引发更多用户的关注和讨论，通过这种互动性更强的方式为传统媒体与新媒体的融合发展提供充足的动力。互动的优势不仅仅在于当下内容与用户、用户与用户之间的交流参与，更在于关系的建立、维系和发展，是社交网络的潜在价值积蓄。

第三章

垂直新生态：充分实现多级媒体共振与地方服务连接

曼纽尔·卡斯特将传播视作一种权力，认为在大众传播时代，传播作为权力被集中掌握在大众媒介手中。[①] 未来的视听传播必定会打破媒体边界，形成社交媒体、网络视频、移动应用程序等多平台多维度信息互通互融的媒介生态。《关于加快推进广播电视媒体深度融合发展的意见》也指出，要“推进各级广电媒体协同联动，整合网上网下资源渠道，一体运营网上网下业务，集中力量做优主平台、拓展主渠道、做强主账号”。对媒体垂直生态的探索和延伸，可能成为媒体融合逐层深入背景下视听产业转型的进阶路径。

对于广播电视媒体而言，一方面必须建立起多渠道、立体化的“大视听”业态，拓展内容和用户的联结路径，增加外部推送机会，以期使内容覆盖更多受众，真正在传播途径上凸显“媒体渠道与人相联结”的逻辑，在技术与内容的双重驱动下向着媒体融合纵深方向发展，实现多级媒体共振；另一方面，要强化“服务侧”供给，构建地方性垂直化服务平台。广电媒体应当深度布局文旅、大健康、政务、智库、公益服务等领域，实现空间与情境、现实与虚拟、公域与私域等诸多场景的深度耦合，强调“人”作为媒介与社会的连接地位，打造以人为中心、以服务为目标的媒体垂直新生态。

一、聚力“大视听”业态，立体布局实现“破圈”传播

媒体融合经过多年的发展，已经逐渐从“纸与笔”“铅与火”过渡到

① 卡斯特．传播力［M］．汤景泰，星辰，译．北京：社会科学文献出版社，2018.

“光与电”“数与网”的阶段。在数据化、智能化和平台化成为媒体融合发展下半场的主导逻辑背景下，智能技术赋能更深层次的“智能媒体 +”模式，推动全媒体生态价值链的延伸，重构媒体融合下半场的传播景观，视听产业业态转型迸发出新样貌和新特征。[①] 克劳斯·施瓦布在《第四次工业革命——行动路线图：打造创新型社会》中指出，关注业已发生的第四次工业革命，应聚焦于新技术所产生的系统性变化，聚焦于新技术系统对原有产业形态的颠覆性潜力。

因此，在人工智能、大数据等技术重塑视听产业的背景下，广播电视媒体纷纷聚力打造“大视听”产业生态格局，实现产业转型。《2023 年广电全媒体蓝皮书数据报告》显示，大视听产业创新驱动发展态势明显，广播电视和网络视听核心层产业结构持续优化、稳定增长，实际创收收入首次超过万亿元；2022 年全国广播电视行业稳中向好，总收入 12419.34 亿元，同比增长 8.10%。大视听产业正成为数字文化产业中最具显示度和增长性的新兴产业之一。与传统视听产业模式不同的是，“大视听”业态模式强调“视听 +”的融合发展样态，广播电视媒体逐渐从仅仅提供内容的“内容奶牛”向能够提供多样化内容、丰富性服务的立体化媒体“综合服务体”发展。

在信息爆炸的时代，广播电视媒体要想在激烈的市场竞争中脱颖而出，就必须通过多渠道、立体化布局实现视听“破圈”传播。具体来说，广播电视媒体可以利用自身优势，打造涵盖电视、广播、报纸、网站、社交媒体等多种媒体形式的全媒体矩阵，通过多元化的内容和传播方式，吸引不同类型的用户关注；还可以通过电视、手机、平板等多种终端设备，实现“万物互联”，通过数据化采集技术延伸媒介连接场景、强化媒体触角，让用户随时随地随心实现媒体接入，提高用户的体验感和忠诚度；同

① 彭聪 . 智能技术的叠加式赋能与媒体融合下半场的业态重构［J］. 东南传播，2019（7）：52-54.

时在顶层设计上，广播电视媒体可以通过优化组织架构，加强内部协同和资源整合，塑造立体格局，实现信息的快速传递和高效传播。

（一）打造全媒体矩阵，全面激活用户关注

“矩阵”是由19世纪英国数学家凯莱提出的数学专业名词。美国学者威廉·大内将“矩阵”的概念应用到管理学领域，用来研究人与组织、人与工作的最佳关系和最高效匹配模式，后续演变为矩阵式组织。① 矩阵式组织是一种由两套系统交叉形成的复合结构组织，特点是便于进行集中统一管理、提高各部门的反应速度，最大化利用各种资源，使矩阵内成员能够高效沟通协作，有效提高管理水平与工作效率。②

2020年《中共中央关于制定国民经济和社会发展第十四个五年规划和二〇三五年远景目标的建议》明确提出了“推进媒体深度融合，实施全媒体传播工程，做强新型主流媒体，建强用好县级融媒体中心”等重大目标任务，为当下及未来一段时间内的现代媒体格局建设提供了方向。③ 全媒体矩阵作为视听作品传播的全流程、全方位、全渠道的载体，在提升视听作品知名度，提升用户关注度等方面发挥了至关重要的作用。

1. 建设全媒体矩阵，促进新旧媒体互融互通

全媒体矩阵是指通过多种媒体形式和渠道，实现信息的全面覆盖和快速传播，从而提高媒体的影响力和竞争力。广电媒体建设全媒体矩阵，首

① 陆嗣文 . 公安微博矩阵式运营管理研究［J］. 辽宁警察学院学报，2018，20（4）：90-96.

② 骆正林 . 立体规划与功能兼容：我国政务新媒体矩阵的建设现状与功能拓展［J］. 探索，2020（4）：141-155，2.

③ 孙佳 . 强化县级融媒体矩阵建设，促进区域多位一体发展［J］. 出版广角，2021（5）：72-74.

先要做到新旧媒体的互融互通，即实现传统媒体和新兴媒体的有效结合和协同发展，从而提高媒体的传播效果和受众满意度。

2021年，湖北广播电视台启动“融媒创新工场”项目——“智慧融媒，多元平台”，是湖北广播电视台在新媒体时代的一项创新型应用和工程技术实践。该项目将传统媒体与新兴媒体深度融合，具有三个层次的含义。一是实现全媒体信息平台的融合，与“长江云”互联互通，实现海量内容资源共享。二是实现全媒体生产内容的融合，传统媒体与新媒体在这里汇聚，完成一体化协同制作。三是实现全媒体生产内容审核、发布的融合。广播、电视、报纸、手机APP、微信、微博等多终端在平台统一指挥调度、统一审核发布，充分体现了台网联动的融媒体形式。

湖北广播电视台以长江云新媒体集团的新媒体技术为支撑，通过全媒体新闻采集系统实现了传统采编系统和新媒体平台的互通，推进了传统媒体与新媒体的深度融合。长期以来，广播电视媒体拥有高质量内容制播的丰富经验。大屏资源和经验通过内容的全媒体传播可以快速迁移到小屏侧，通过内容与科技、与不同实体产业的融合，为加速解锁小屏新商业模式赋能。垄上MCN在湖北“三农”领域拥有绝对的影响力和完整的产品线，能帮助签约达人从前期选品、销售到后期产品变现，辅助打通每一个环节。湖北广播电视台巧妙结合自身优势和MCN的影响力，通过传统大屏对达人进行专题采访和宣传片的播放，提高达人的知名度，实现了对小屏的精准引流。

在“融媒创新工场”项目中，由湖北省卫生健康委和湖北广播电视台大健康中心联合举办的“健康进万家”系列科普节目，摒弃了以往音、视频生产相互独立的理念，突破空间局限，把广播媒体融入节目生产。在平台广播直播区架设摄像机位，实现网络、电视和广播的并机直播。主持人在直播中随时借助长江云大数据抓取用户点击量，互动评论等数据，及时了解话题热度和观众喜好，调整节目内容和走向。节目信号最终直接推流至长江云，由该平台统一向外推送。实现真正意义上的广播、电视和网络的全方位融合。

在亲子成长有声阅读项目“袋鼠听听”中，湖北广播电视台交通广播事业部联合了高校专家学者、博物馆专家、动物专家等各个知识领域的专业人士为少年儿童用户打造一系列音频课程，激发孩子的学习兴趣、指导孩子的学习方法，延伸课堂教学，拓展知识边界。帮助有强烈求知欲、探索心的孩子，达成深度理解，拓展孩子的基础认知，构建完整的知识体系。该项目与优质机构强强联手，推出多门精品原创课：与武汉动物园合作研发《奇妙的动物》，通过生动的故事演绎和有趣的知识科普，带孩子走进一座知识与探索的乐园；与湖北教育出版社合作研发《超有趣的传统》，采用讲故事的方法，从自然、德行、学习以及历史等方面，对中华优秀传统文化进行全面的介绍；自主研发了以地理为主线，融合人文、历史等多学科，全景展现中华文化的《奇妙的中国地理课》；与武汉市观鸟协会合作研发鸟类自然课《我们的动物邻居·飞翔的精灵》，呼吁用户保护环境并关注身边的动物……“袋鼠听听”以微信公众号为载体，独立 H5 店铺为主，微信小程序为辅，形成了“广播 + 新媒体”全覆盖的传播矩阵，将广播在音频录制、剪辑技术上的优势最大化，高度契合用户碎片化、场景化、精品化的收听需求。

2. 建设全媒体矩阵，融合多元化技术

在新闻采集环节，广播电视媒体可以大量利用微视频拍摄技术、航拍技术、虚拟现实技术等升级传播矩阵。手机小视频、微直播等新媒体传播方式也可以被运用在视频节目采制环节，在新闻画面传输环节发挥作用。利用手机网络实时回传新闻画面，大幅缩短了新闻后期制作的周期，提高了新闻传播的效率。以湖北广播电视台为例，当一条重要的新闻资讯采制好后，湖北卫视直播平台、长江云客户端和各频道、频率微信公众号率先

发布消息；湖北卫视、湖北经视、湖北综合频道、湖北公共·新闻频道等则根据自己的定位，进行二次深加工，展开侧重点不一的详细报道；湖北卫视等频道、频率根据新闻的内涵，进行再次深加工，形成“深度报道”或专题性报道。[①] 多元的分发平台实现了大屏与小屏融合，对于受众立体式、全方位地触达。

为了满足宣传工作高质量发展的新要求，满足人民群众追求更高收视体验的需求，湖北广播电视台完成建设了一套全方位、全流程、多元化的融媒体生产平台——4K+5G 融媒体移动生产平台，全面推进湖北广电新闻宣传能力的提档升级。该平台实现了大屏与小屏的深度融合，支持增强现实功能，原生内嵌 5G 新媒体技术应用、依托多种新型转播设备、利用远程网络云端制作优势、围绕全媒体多平台传播矩阵，发挥超清化、移动化、智能化技术特点，大力推进全媒体传播体系建设，将全台数据编织成一张庞大的信息网。湖北广播电视台凭借媒体融合传播、先进赛事制播和创新技术手段等理念，通过 4K 超高清制播平台、结合 5G 媒体技术应用、依托多种新型转播设备、利用“长江云”制作优势、围绕全媒体多平台传播矩阵，发挥超清化、移动化、智能化技术特点，开启融媒航母新篇章。

此外，湖北广播电视台还创新应用 AI 技术，打造智慧融媒演播室。5G 时代的到来，推动了智能 AI 技术的快速发展，使其应用场景更为广阔。湖北广播电视台《荆楚大医生》栏目采用 AI 技术，设计智能 AI 主播惊艳亮相。虚拟主播技能满满，不仅可以为观众声情并茂地播报资讯信息，还可以和节目嘉宾一起畅聊健康话题。智能 AI 的应用可以实现快速、自动化的内容生产，给观众带来不一样的感官体验。在智慧融媒演播室里，主播可以通过便携式摄像机带领观众近距离了解台前幕后节目的制作花絮，拍

---

① 柴巧霞 . 全媒体矩阵中电视赈灾新闻的创新突破与话语重构［J］. 南京邮电大学学报（社会科学版），2018，20（3）：23-32.

摄 VLOG，打造个人网红形象。同时现场利用非编设备完成视频剪辑、制作、分发。电视直播节目采用长江云回采服务器实时收录，配合长江云智能拆条功能，自动对视频进行打点拆分，即可快速将一期节目拆分成多个短视频，并高效迅速地分发到新媒体网络平台。

3. 建设全媒体矩阵，提供多元化的传播终端

传播终端的多元化也是全媒体矩阵建设的一个重要方向。同样以湖北省为例，湖北广电集团数字电视平台实现了电视、互联网、手机的三网融合，为受众提供了观看电视节目、浏览互联网信息、使用手机应用程序等多种功能的数字媒体平台，为受众提供了更广泛的内容和更便捷的观看体验。同时，湖北广电推出了自己的 OTT（Over-The-Top）平台，即通过互联网传输音视频内容，绕过传统电视运营商进行内容分发，受众得以通过智能电视、手机、平板电脑等多样化的设备终端观看各种电视节目和媒体内容。此外，湖北广播电视台还建立了互联网直播平台，实现了广播、电视节目的实时在线直播，有效打破了时空限制，为用户提供更灵活的观看方式和更丰富的内容选择。

以湖北广播电视台电视经济频道（“湖北经视”）为例，采编团队从“技术引领”到“数字驱动”升级新武器，将传统电话热线升级为融媒互动民生服务平台，制片人微信“派选题”，记者手机 APP“抢选题”；云端智能生产系统取代传统非线编辑系统，智能媒资全程共享；传统线下活动改造成互联网“云播控”，7 人团队可以同时管控 30 场线下社区活动。在传统大屏高收视的基础上，湖北经视开发“小视频 + 网络直播 + 电视新闻 + 热搜运营”融媒新作品，提升全网影响力；同时开拓万场社区线下活动新赛道，整合第三方平台营销能力，为全国客户提供“线上线下全动销”的一体化数字营销能力。

湖北广播电视台积极利用微信公众号、抖音等新兴媒体平台实现

与受众的互动和交流，湖北日报等账号在发布湖北省新闻资讯、推送重要消息的同时，还通过评论区、后台留言等方式与受众建立更密切的联系，自下而上关注受众的新闻接收体验和意见反馈，有效提高了品牌影响力和用户黏性。2020年以来，湖北广播电视台以长江云平台为底座，以新媒体账号为触角，在传统电视频道、广播频率，以及长江云、湖北网台等新媒体平台上并机直播，实现了电视、广播、网络、手机客户端全覆盖。

以2022年湖北省《同上一堂思政大课》宣讲活动为例，该活动以“中国梦”为指导思想，邀请10位中国梦缔造者、开拓者走进全省高校分享他们理解的中国梦，分享他们实现中国梦的故事。《同上一堂思政大课》以强互动课堂体验构建“沉浸式”思政课新生态，把正在发生的鲜活时代故事、正在进行的伟大时代变革及时呈现到课堂教学中，引导青年形成正确的社会观察和价值选择；以融媒体宣传方式立体化展示思政课成果，围绕讲述内容进行立体式宣传，建立涵盖学习强国、长江云、抖音、头条、微博、微信公众号、微信视频号的新媒体官方宣传矩阵。首先通过制造热点话题为活动预热，围绕王霜、奥运金牌运动员等热门IP，提前一周为思政课预热；然后策划长视频采访并精剪切片，推出的短视频“我是王霜，再痛我也咬牙拼！”在百万粉丝“湖北教育发布”抖音号上线；在抖音平台发起话题挑战赛“中国梦，我的梦”“讲述你的故事”“凡人实现中国梦”等，号召参与学校师生发视频带话题；抖音号“湖北教育发布”发布话题“中国梦，我的梦”，千万流量投放加推，活动启动前一周，确保登录武汉热榜。此后，在央视新闻+、长江云、新浪新闻、新浪微博、搜狐、百度、微信视频号、斗鱼、快手等平台同步直播，央视频、人民日报社、人民视频、长江云、今日头条、百度百家号、微信（含视频号）等十余个平台同步宣发，实现本次活动的“视、网、微、端、抖”全时响应、全面覆盖、全国推送。

（二）万物互联，数据化采集强化媒体触角

《关于加快推进媒体深度融合发展的意见》指出，“要以先进技术引领驱动融合发展，用好5G、大数据、云计算、物联网、人工智能等信息技术革命成果，加强新技术在新闻传播领域的前瞻性研究和应用，推动关键核心技术自主创新”。技术的进步带来移动物联网连接数快速增长，“物”连接快速超过“人”连接。工信部公布的数据显示，截至2022年底，中国移动网络的终端连接总数已达35.28亿户，其中代表“物”连接数的移动物联网终端用户达18.45亿户，较移动电话用户数多1.61亿户，占移动网终端连接数的比重达52.3%，在全球主要经济体中实现“物超人”。[①]

在当今数字化时代，“万物互联”已经成为现实。各种传感器和智能设备能够实时收集和传输海量的数据。数据化采集使得媒体能够更加精准地了解受众的需求和兴趣。通过分析用户的浏览历史、搜索行为和社交媒体活动，媒体可以深入了解受众的喜好和偏好，进而提供更加个性化的内容推荐和服务。此外，“万物互联”还为媒体创造了新的传播渠道和互动方式。智能设备和物联网技术的普及使得媒体可以通过智能家居、智能穿戴设备等渠道将信息传递给用户，实现多屏互动和全场景覆盖。“万物互联”使得媒介、数字、信息深度嵌入个人发展与社会进步的机理，这为传统视听产业向“大视听”服务业态转型提供了可见性、可供性和可感性。

1. 万物互联为传受关系转变提供可见性机遇

根据戴扬的理论，可见性事关能否被看见、能否获得注意力的政治问

① 武慧敏．“万物互联”融入你我生活［N］．人民日报海外版，2023-05-19（8）．

题。[①] 媒介技术持续形塑“看”的形态与结构，推动可见性模式从“在地可见性”演进到“媒体可见性”，再到“算法可见性”，不仅改变了看的时空属性，而且对权利关系进行再生产。[②] 在媒体可见性的场域中，普通受众往往难以通过积极行动改变可见性动态。但是受众在传播场域中并不是完全被动的，通过算法的信息采集，实现了传受双方的反馈与互动，进而扩大了受众的话语权。例如，湖北台内容生产云平台可将新闻线索回传并统一汇聚管理，形成云线索库。利用大数据分析、人工筛选梳理等方式，将海量信息按照具体的用户需求进行分类整理，为用户提供更具针对性的线索订阅服务，用于后续新闻选题策划等生产发布工作，为媒体单位和记者提供更多热门内容及新闻线索。

与此同时，“万物互联”带来了受众身份的转变，受众参与媒介实践，提升自身“可见性”。媒介实践范式是当下媒介研究的一个重要现实需求和理论转向，即西奥多·夏兹金提出的“主客观组成元素的集合体”进行的“协调与互动”实践。[③] 新媒体因其技术特征，既可以承担“自由言说”的角色，也可以实现类似实体空间中的整合多重视觉元素的“自我表演”的可见性。[④] 在传播模式上，一方面广电媒体纷纷主动拥抱市场和“互联网 +”，采用时下流行的直播、评论等形式提供新鲜优质的内容，满足用户的交互性和个性化需求；另一方面，用户通过点赞、评论等方式使得自己的意见和态度被看见，打破了由传统媒体主导的单向度信息灌输，走向传受互动

---

① DAYAN D. Conquering visibility，conferring visibility：visibility seekers and media performance［J］. International journal of communication，2013，7（1）：137-153.

② 易前良 . 算法可见性：平台参与式传播中的注意力游戏［J］. 现代传播（中国传媒大学学报），2022，44（9）：16-25，74.

③ 顾洁 . 媒介研究的实践范式：框架、路径与启示［J］. 新闻与传播研究，2018，25（6）：13-32，126.

④ 孙玮，李梦颖 .“可见性”：社会化媒体与公共领域：以占海特“异地高考”事件为例［J］. 西北师大学报（社会科学版），2014，51（2）：37-44.

的双向传播模式。广电媒体引导用户进行内容生产的同时，也与用户形成了内容维度的生产共同体。

2. 万物互联为媒体服务转型提供“可供性”基础

党的十九届五中全会提出，“坚持创新在我国现代化建设全局中的核心地位，把科技自立自强作为国家发展的战略支撑”。广播电视和网络视听要紧跟信息化发展趋势，紧盯信息革命新成果，坚持创新驱动高质量发展，以科技创新催生新发展动能，大力推动科技创新，加快关键技术攻关，加速科技成果向现实生产力转化，以技术更新业态，以技术丰富表现，以技术促进融合，不断打造传播新优势、开辟辐射新版图，把竞争和发展的主动权牢牢掌握在自己手中，抢占科技竞争和未来发展的制高点。

2003 年，美国社会学家巴里·韦尔曼等人将“可供性”引入传播学，强调互联网技术变革创造社会可行性计算机通信网络环境可以接受更远、更快、更多的信息传播。潘忠党在 2017 年将“可供性”的概念首次引入中国传播学领域，构建起较为完善的媒介可供性框架，涵盖了信息生产可供性、社交可供性、移动可供性三个层面的可供性要素，每个层面的可供性要素包含各项细化的可供力，“在三种可供性上水平越高的媒体，往往就是越‘新’的媒体”。[①]“万物互联”使得新技术转变为现实环境中的基础设施，并在与社会的互动过程中，释放出生产可供性、社交可供性和移动可供性的能力，为广播电视媒体走向“大视听”服务型媒体平台提供了设施基础，推动视听产业转型形态与内容的深层次变革。

2023 年中国广电、湖北广播电视台、湖北省通管局、湖北广播电视台网络、长江云、华为等 6 家单位召开视频会议，一致同意以高政治站位主动担当、选准场景、多方协同、快速施工，推动全球首例广电 5G 应用在

---

① 潘忠党，刘于思．以何为“新”？“新媒体”话语中的权力陷阱与研究者的理论自省：潘忠党教授访谈录［J］．新闻与传播评论，2017（1）：2-19.

湖北落地。广电 5G 网络采用独立组网模式、极简架构方案，实现高速率、大带宽传输，解决了传输过程中的一系列难题，实现了室内全覆盖。广电 5G 的频段具有绕射能力强、信号传输损耗小、覆盖范围广等特点，能够大幅降低 5G 基站建设成本，适合大范围网络覆盖。

3. 万物互联为传播效果升级提供“可感性”条件

在由人和物构成的场景中，物与物成为通达的传播链路与通道，万物都实现了麦克卢汉所预言的“人的延伸”，视听传播无处不在，传播的终端也从我们手中的屏幕扩展到智能音箱、智能家居、智能穿戴设备，使得沉浸式的视听融合与传播成为可能，受众的感知也从视觉迁移至全身，视听产品变得可感、可知。5G 技术与 VR、AR、MR、XR 等技术的融合，可以重构视听传播的视觉设计与场景建构，创造性延展视听叙事边界，观众体验将不止于看与听，用户的嗅觉、触感也被调动。[①] 如在北京冬奥会“5G 冰雪梦之队”云发布会上，为“中国移动 5G 冰雪推广大使”、中国自由式滑雪世界冠军谷爱凌量身打造的 5G 冰雪数智达人 Meet GU 进行了首秀。Meet GU 数智达人不仅完美复刻了真人，还可以进行沉浸式实时互动，受众通过手机屏幕可与 Meet GU 进行隔空互动。

除此之外，VR、AR、MR、XR 等技术还可以应用于日常化的生活实践之中，让用户享受到更加真实、可感知、沉浸式的视听体验。例如，武汉江汉法院联合湖北广播电视台新闻中心“长江说法”团队，首次使用 VR 技术同步在长江云新闻 APP、“长江说法”抖音直播间直播。近 1 小时的庭审，37.4 万网友通过手机实现“云陪审”，沉浸式感受庭审全过程，受众的身份由观看者转变为参与者，提升受众的在场感知力。

① 王晓红，王芯蕊．在场、连接、协同：5G 再造视听传播［J］. 中国新闻传播研究，2021（6）：3-12.

（三）优化组织架构，塑造省、市、县立体格局

《关于加快推进广播电视媒体深度融合发展的意见》中明确要求，“用好项目制、工作室产品事业部等各种内容生产组织和运营方式”。视听融合布局的深化离不开内部资源的整合与优化。尽管广播电视媒体从 2014 年开始便走上了媒介融合的发展道路，但其市场化、产业化的程度并不高，在内部资源的配置、人才的调度、频道的管控等多方面仍旧处在一个初步的探索阶段，集约化和规模化程度较低，难以跟上高速发展的新媒体。因此，广播电视媒体在注重节目内容创新和质量提升的同时，也不能忽视内部的优化建设，充分汲取“中央厨房”“频道集群制”等制度探索中的经验教训，通过组织新闻业务培训、改善人才招募机制、完善奖惩机制等各种方式引进新媒体型人才，建立一个能够适应全新传播格局的视听行业人事、财务、经营体系。

1. 省、市、县融媒体中心建设

从省、市、县三级媒体入手，建立融媒体中心、媒体融合发展的制度，是优化内部资源配置的第一步。

首先，省级媒体具有较强的领头军作用，视听行业需要充分渗透平台化经营理念，通过公共平台的建设反向驱动传媒机构转型。对于广电媒体而言，最重要最根本的就是遵循媒体产业的发展规律、打破传统新闻采写编发的界限，建构符合自身定位和运营模式的生产链、经营链、价值链，努力将自己打造为一个现代化的传媒集团。从内部的管理与激励模式，到人力物力财力等资源的合理配置，再到节目内容创作与投放播出的体制机制，都需要在日常实践中、在探索与总结中寻找一条与广电转型相契合的新媒体发展道路，实现颠覆性的改造和重塑，加速广电媒体融合生态的

步伐。

比如，湖北广播电视台作为湖北省视听行业的“领军者”，在媒体转型的过程中便成立了自己的融媒体新闻中心，坚持“创造性转化，创意性生产，创新性发展”的理念，最终“弯道超车”，成为引领全台深度融合发展的先行军，实现主流媒体影响力的回归。为了提升新闻采集与内容制作智能化水平，湖北广播电视台以本地集装箱式IDC云数据中心为核心，对“策、采、编、播、存、用、管”进行集约化、数字化流程再造，创新虚拟制作岛群、异地“云直播”等模式，建成全新架构的云、网、端一体化智能协同生产体系——融媒体内容生产云平台。该智能系统实现了全台异地远程云采编、云制作、云送播、云直播常态化，多档节目通过云平台实现网络化、文件化送播，全台内容资源实现智能分类处理和共享融合生产。移动采编系统实现语音识别和画面文字识别功能，方便记者编辑快速进行新媒体发稿。

其次，市级融媒体中心在全媒体传播体系、舆论环境乃至整体政治格局中也占据了重要的地位，是联通上下级媒体平台的桥梁和纽带。在这个特殊的位置上，市级媒体需要充分利用技术平台的优势，对媒体结构进行重塑。为此，需要遵循“省级统筹、市域联动”的模式，积极发挥对上与省级平台、对下与县级融媒体中心连接的功能。2020年，武汉广电全媒体中心项目顺利启动，这是武汉广播电视台重点打造的文化产业项目，是武汉市重大产业转型升级项目，是集演播演艺厅集群、演播演艺配套区、公共文化服务区 、广电拓展区（包括智慧广电业务研发中心、智慧广电产品体验中心等）于一体的综合配套区。近年来，武汉广电作为市属主流媒体，在做大做强正面宣传，推动全市广电事业产业发展，加快建设新型广电主流媒体等方面取得了长足的进步，武汉广电全媒体中心的建设，在武汉广电发展史上具有里程碑意义，标志着从部门项目上升为武汉市、湖北省重大产业转型升级项目、中国（武汉）智慧广电产业园项目的重大转变，更标志着武汉广电从广播时代、电视时代全面进入全媒体时代，在武汉广电发展史上具有里程碑意义。

最后，区县级媒体作为一种基层媒体形态，是助力基层宣传、舆论引导、公共决策、社会治理的重要动员者和参与者。县级媒体不能被动接受上一级媒体的管理和支配，而是应当主动肩负职责，合理运用本土化优势，深耕自身品牌与特色，充分优化配置内部资源，为当地的经济发展、社会民生提供指导和帮助。2022 年 1 月，汉阳融媒体中心新址正式启用，同时也标志着武汉市中心城区规模最大、功能最强的区级融媒体中心正式启用。全新的汉阳融媒中心毗邻武汉国际博览中心，位于汉阳区政务服务中心六楼，拥有 4000 多平方米的使用空间，多功能演播厅、开放式采编中心、指挥中心、配音室、共享办公区等一应俱全，是目前武汉中心城区配置最强、功能最全的融媒体中心。本着内容更新、技术创新的理念，还落地了全省第一个 XR 沉浸式虚拟演播区，该演播区由 LED 显示、三维渲染、实时拍摄和目前行业内精度最高的空间跟踪定位等配套系统构成，借助先进的 XR 技术，演播人员能在画面中遨游太空、赏月黄鹤楼，观众从视觉上能感受到虚拟世界与现实世界无缝转换的沉浸式体验。汉阳区融媒体中心自成立以来，以“深融媒体、广聚资源、强链产业”为基本发展思路，不断探索着“融媒事业 + 文化产业”的发展路径，在湖北省视听行业的转型过程中构建着全新的传播格局，也不断反推着湖北省媒体融合进程的加速。

2. 纵向贯通和横向联通的立体化布局

党的二十大报告中指出，宣传部门要以全局视野来定位宣传工作，以战略思维来谋划宣传工作，立足自身发展实际，努力构建好立体化的生动活泼的大宣传格局。以往省、市、县三级媒体的运作通常是分散的，各自为政、独立运行，内容生产效率低、选题容易重复、易造成资源浪费。媒体融合趋势下，各级媒体之间可以协同工作，共享资源、信息和经验，可以更有效地利用人力、财力和技术资源，充分发挥各级媒体的优势，提高信息传播的效率和覆盖面。在媒体融合不断推进时期，湖北广播电视台长远布局、深度耕耘，通过 5G、云计算、大数据等技术，着力推进平台、流程、体制机制再造，坚持推进媒体融合向纵深发展。

相较于传统媒体的单一传播渠道，新媒体时代的传播渠道更加多元丰富，尤其在全媒体时代，构建立体化矩阵传播格局是主流媒体扩大影响力的关键。矩阵传播是以一家媒体为主导，多家媒体为阵点形成的集合，或是以一种媒介平台为主导，多种媒介平台配合发布形式有所区别的相同主题的内容，综合智能推荐机制和专业编辑生产机制相结合的内容生产、分发体系，从矩阵中心分发到各个媒体平台阵点，推送不同内容到不同的媒体平台，以满足用户个性化的订阅需求，实现媒体资源的互通共享、媒体内容兼容并蓄，最大限度提升媒体信息的传播影响力。例如，湖北台精心打造互联网传播矩阵，@ 湖北综合频道、@ 帮女郎在行动、@ 长江说法、@ 垄上行等账号关注民生热点、社会新闻，微信公众号“湖北经视”入选湖北省 2023 年上半年省级台新闻融合微信（公众号）传播量 Top15 账号榜单，互联网影响力持续提升。

2023 年全国两会期间，湖北广播电视台湖北之声联合长江经济带的 10 余家省级新闻广播，推出了系列融媒体产品《对话长江——新潮逐浪》，在报道期间于 11 省市新闻广播新媒体矩阵同步推出，并通过人民日报客户端、央视频、微博、微信、今日头条等近 50 个端口同步发布，实现了两会信息在长江经济带的快速传播；携手山东广播电视台闪电新闻、上海澎湃新闻、江苏荔枝新闻等主流媒体，联动推出大型接力融媒体直播《领“路”· 十年》，展现各地路桥建设十年的成就，累计观看人数超 1.1 亿。

湖北广播电视台打造的“长江说法”全媒体平台，在发展之初就与全省乃至全国其他新媒体账号进行了差异化设计，利用栏目的政法资源，细耕垂直化赛道，主推云监考驾考直播、夜查酒驾、醉驾直播、案件直播等。

作为政法类账号，“长江说法”已跃升为湖北省第一政法账号，远超过省政法、公安类账号。在湖北115家广电官媒账号中，“长江说法”跻身前七，位列新媒体头部账号前列。

“长江说法”有6档电视栏目，对应的专业版块分别是公安局、检察院、法院、消防、退役军人等，他们的共同特征是来自纪律部队。依据这个“资源池”，“长江说法”进行大刀阔斧地融合创新、细分传播，找准定位，构建起“1+6＞7”系统传播共生发展机制。“1+6”是指1个“长江说法”新媒体账号+6档大屏电视栏目，即《荆楚警界》、《拍案惊奇》、《荆楚消防》、《戎耀荆楚》、《新闻110》午间档、《新闻110》晚间档，形成全新融合矩阵。“长江说法”账号作为大屏栏目的全新新媒体阵地，以新媒体思维助推6档大屏电视栏目，在融合转型实现纵深发展上“真改革”，从“相融”到“融媒”，再到“融活”，让新媒体也配合新闻报道，以电视传播为动力，推动大小屏创新发展。一方面不断拓展大屏信息源，实现小屏、大屏互补，将电视观众和移动端受众快速转换，实现公信力和互动性的更强黏性；另一方面利用小屏幕上用户活跃度，不断反哺大屏幕，使得大屏收视率逐渐上升，两者抱团成长。

“长江说法”抖音、今日头条、斗鱼账号从初期的大屏电视栏目同步到小屏直播的新媒体探索，到现阶段的“云监考驾考直播、交警夜查酒驾、醉驾、治安突击大检查”等深受网友喜爱的王牌直播内容，直播量十分可观。这得益于“一对一交友式”直播模式，如“云监考驾考直播”和其他同类型直播相比，有固定的主播和网友点名互动，让网友觉得自己不再是置身“网”外，而是直播当中的一“员”，大大增加了粉丝黏性。为了开拓更多具有特色的直播内容，“长江说法”成立以来，团队一刻不停地创新创造，全年共计尝试各类多样直播活动50多种，有随警作战抓捕电诈犯罪嫌疑人直播、律师教你如何购买法拍房直播、庭审现场直播、夜间治安大巡查直播、开学季交警护学直播、特警小哥带你走进警营和警犬基地直播等。

“长江说法”打造立体化直播模式，更深层挖掘可直播资源。当全网直播都还是一部手机单一景别时，“长江说法”已经在尝试小屏多景直播了，采用4台移动设备进行多机位直播，让原本枯燥的庭审现场，在手机画面上同时可以看到4个景别，4个角度，有庭内场景、户外介绍场景、内景主持场景、嘉宾场景，并且4景之间通过微型切换台可以来回切换，网友点到哪里，直播即可切到哪里，极大丰富了直播画面，呈现效果也更加立体、可视性更强。如2021年12月1日，“长江说法”账号首次和湖北公检法等单位联合进行“反电信诈骗”庭审直播。当时除了庭审现场，庭外还邀请了仙桃市人民法院党组副书记、副院长蒲清慧，仙桃市人民检察院党组成员、副检察长吴玉莲，仙桃市公安局党委委员、副局长江峰三位公检法“三长”与20万网民在线互动。网友不但看到了从未公开的庭审现场画面，还通过和“三长”交流，学到了更多防范电诈的方法，更是看到了涉嫌帮助信息网络犯罪活动罪的被告人的后悔和懊恼。此直播形式还被湖北省人民检察院官方微博、中国警察网作为普法宣传创新手法和精品案例发布推介。

“长江说法”创造性地开启了与商业平台进行定制化合作。2021年5月开始，与知名企业斗鱼、58同城等建立了战略合作，开启了全新的变现模式。一是定制化直播内容，包括定制化短视频投放、定制化打造“长江说法”IP主播以及与众多有较强社会影响力的网红大V进行深度联动，共同策划直播、拍摄短视频，合作引流。与此同时，“长江法说”还主动探寻与省域、国家部局官号合作宣传，在拓展信息源的同时，进一步发挥舆论集群的正向引导作用。“长江说法”作为法治类官媒垂直账号的头部账号，与中央政法委长安剑、中国警察网、中国消防、平安湖北、湖北政法以及湖北17个市州公安和政法单位新媒体部门有着紧密合作。官方联手，抱团成长，新闻信源的丰富化和传播平台的多样化，不仅拓宽了传播渠道，同时也提高了社会公信力。

经过一年的生长期，团队依据栏目对应的政法资源版块属性特质，打造了一套“长江说法”独有的融合运行模式。“长江说法”建立了“指挥长 + 值班长 + 参谋部 + 特战队”的全新运行机制，激励全员“练就十八般武艺”，实现一体生产全覆盖多平台传播。指挥长每天安排专人前往全省各地开展夜查酒驾、醉驾、治安大检查等直播；值班长负责直播的统筹策划；参谋部负责直播后台的舆情监督和维护，并与现场实时沟通；3 名特战队员分工明确，一人负责出镜直播、一人负责在现场制作短视频、一人负责拍摄新闻片。单场直播起步 2—3 小时，可制作 8—14 条抖音作品、同步编写文稿发至长江云客户端以及今日头条图文新闻，同时撰写稿件、剪辑、制作成大屏电视新闻播出。此模式大大提高了工作整合效率，提升了团队协作素质。为了不断修正方向，提高产出，优化机制，团队在队伍培养管理方面，也做了有益的探索，每月定期组织开展“Mini 课堂”，评选出“直播之星”“短视频之星”，使人人成为多面手，成为优秀的全媒记者。

二、强化“服务侧”供给，构建地方性垂直化服务平台

当互联网发展的“上半场”完成了随时随地与任何人的连接之后，互联网的“下半场”要解决的关键问题就在于，人们要在随时随地进行信息交流的基础上，进一步实现在任何场景下更有效率、更加精彩、更具想象力地“做事”。[①] 面对需求多样化、生产垂直化、供给精准化、消费场景化和体验化的全媒体产品与服务市场，传统广播电视媒体在产品和服务供给

① 喻国明 . 未来媒介的进化逻辑：“人的连接”的迭代、重组与升维——从“场景时代”到“元宇宙”再到“心世界”的未来［J］. 新闻界，2021（10）：54-60.

方面仍然是滞后的，难以有效满足用户的需要，与实现“强信心、聚民心、暖人心、筑同心”的价值目标尚有一定距离。①

目前，传统的视听生产已经落后，各大媒体纷纷向“内容 + 服务”的产业生态化建设转型发力，集中力量建设地方性垂直化服务平台。一是借助各种大小终端实现多屏联动，聚焦“文旅 +”多元场景，拉动地区文化品牌知名度和旅游消费新动能；二是注重社群关系的维护，相对于大包大揽式的传播模式，视听媒体新业态深度嵌入用户生活，关注社区、区县、城乡，从大处着眼，从小处落脚，聚焦用户最为关心的健康问题，打造“大健康”服务平台；第三，视听媒体平台化转型意味着承载着更强的服务功能，最大限度延伸媒体自身职能。这就要求视听媒体的内容生产与功能开发服务于用户需求，既提供问政办事、公共参与等硬性服务，又支持线上缴纳水电费、打车等软性服务，为受众提供“获取信息—解决问题”的一站式服务方案，强化在公益、智库、政务等垂直领域的媒介化治理。

（一）多屏联动，聚焦“文旅 +”多元场景

当前，智能手机、平板电脑等移动终端的普及，各类大小屏幕构成了全新的视频矩阵，新的屏幕形态的出现，满足了用户在不同时间和不同场景的特定观看和使用需求，媒体融合程度的加深使传统意义上以电视为基础的视听传播进入多屏互动时代。多屏互动是指传播内容能够在手机、电视、平板电脑、户外大屏、数字屏幕等终端设备上无缝连接和传播，并且能够在各个终端上实现很好的兼容，跨媒体实现多媒体内容的传播和交互，实现终端与用户、用户与用户以及终端与终端之间的同步互动。②

① 胡正荣，李荃 . 重点清障突破，催生深融质变：“十四五”时期主流媒体高质量融合发展进路展望［J］. 编辑之友，2021（2）：24-32.

② 张志荣 . 多屏互动传播策略研究［J］. 重庆社会科学，2017（10）：123-128.

如今，在手机端、PC端、平板端收看视听内容是当前网民获取信息娱乐的重要渠道，传播媒体的信息传播路径呈现边缘化趋势。在传统电视的线形大屏播放模式中“播出即结束”，而在互联网多屏端口中播出意味着新的开始，屏幕边界的延伸意味着媒介场景的延展，以屏幕为核心的内容传播和大小屏端口协同联动是播出之后需要着重把握的环节。通过大屏与小屏的连接、线上线下的结合、屏内屏外的内容互动贯通，以期实现媒体连接场景的延伸。

多屏共生是一种新型的媒体消费模式，涉及在不同的屏幕设备上同时或交替使用多个屏幕来获取信息、娱乐、工作和互动体验，这一模式的核心是用户的无缝体验，无论使用哪种设备，都能够连贯地访问内容和服务，基于不同的终端给出不同的内容展示方式和传播方案。在多屏共生情境下，用户可以使用小屏幕设备（如手机或平板电脑）与朋友、家人和关注者进行交流，分享他们正在观看的电视节目、电影或其他大屏内容，这种互动包括评论、聊天、点赞、分享和讨论，从而增强了社交连接感。手机等小屏终端是用户获取信息手段的延伸，手机与电视大小屏结合时，小屏的社交性能可以有效转移到电视节目的传播过程中。

多屏传播有助于将传统生产模式转变为社交关系模式，在大屏节目播出之前通过小屏社交平台进行预热，依据“注意—兴趣—搜索—行动—分享”的模式，促进大小屏多屏传播及社交互动[①]，优化视听内容，创新互动形式，使原本单一的传播模式变得更加全面立体，为内容创作提供巨大的延展空间。视听生态基于不同的屏幕沿着平台进行演进、迭代与更新，多屏共生场景下需要构建跨屏视听新生态，基于移动端主渠道打通视听介质、视听产品相互衍生创造长尾效应、视听平台相互赋能以实现真正的视听场景融合渗透。

---

① 于金超．电视媒体多屏传播与社交互动融合［J］．中国报业，2022（23）：94-95.

基于此，广电媒体应当敏锐抓住这一多屏共生情境下的传播重点，打造大小屏兼顾模式的一系列优质节目，在大小屏实现内容同步，推动当地文旅“出圈”。具体而言，广电媒体可以推出与文旅相关的综艺节目、纪录片、新闻报道等，通过多样化的内容形式，展现地区的自然风光、人文历史、民俗风情等。同时，结合新媒体的传播优势，利用社交媒体、短视频平台等渠道，与观众进行实时互动，引导观众参与话题讨论、分享旅游体验等，进一步激发观众的参与热情，提升旅游消费的动力。

例如，2023 年湖北广播电视台孝感融媒体记者站以《房车露营“火”出圈 乡村消费“新风口”》为主题，拍摄双峰山旅游度假区主打的春日经济牌。摄制组经过精心构思、精美制作的电视新闻片推送至中央电视台，先后在综合频道《新闻联播》《晚间新闻》；中文国际频道《今日环球》；新闻频道《朝闻天下》《新闻直播间》；农业农村频道《中国三农报道》；财经频道《第一时间》《正点财经》《天下财经》等多个频道多个栏目滚动播出，较好地展示了孝感市文化旅游产业发挥生态优势，依托山水资源，串联核心景区、美丽乡村、特色民宿等多个旅游节点。与此同时，相关的短视频也在网络平台引发了积极反响，通过短视频呈现了孝感“白 + 黑”的露营时光体验，带动“吃住行游购娱”全服务链，让“孝感旅游目的地”成为众多湖北人乃至中国人的选择，带动乡村消费实现较大增长。

此外，“与辉同行”湖北文旅宣传推广活动热度斐然，将湖北文旅资源、文化内涵深度挖掘，与董宇辉形象特点、品牌优势和个人调性充分融合，开拓了互联网文旅营销的创新赛道；大型文化节目《非遗里的中国》走进湖北，从历史深处走来的古老非遗，在荆楚大地上绽放出熠熠的时代光彩；“知音湖北，遇见书香”读书会以书会友，通过品阅经典，共读新篇，助力“知音湖北”的文化旅游形象更出新、出彩和出圈等各类活动。“湖北最新文旅宣传语正式发布”“董宇辉遇见知音湖北”等话题持续登上抖音、微博及百度同城热搜榜，微博话题阅读量累计 1547.1 万，发布会相关视频全网观看量超 1 亿。

（二）日常嵌入，打造“大健康”服务平台

范迪克提出了“平台社会”观念，而数字时代由于互联网和移动互联网技术的发展，社交媒体、搜索引擎、在线购物等各类数字平台成为人们交流、互动、获取信息和进行商业活动的主要场所，形成了一种新的社会形态。平台型媒体已经成为数字新闻生态系统的重要组成部分，其依托于互联网平台进行信息的聚合和分发，兼具内容生产专业性和用户服务多样性，构筑起新闻生产与信息流通的社会化传播网络。[①]

将新闻生产嵌入用户的日常生活是平台化媒体的重要特征。“嵌入性”最早是由卡尔·波兰尼提出的经济学概念，旨在说明经济内在于社会关系并受其影响。传播学中的“嵌入性”可以理解为媒介的使用和实践是存在于人与世界、人与人的相互关系状态之中的。[②] 数字化时代，媒体已经不再仅仅是信息的传递者，更是社会服务的提供者和社会治理的参与者。为了更好地满足用户需求，媒体应当注重综合性平台的建设和运营，把握用户的需求和痛点，提供更加精准化、多元化的服务。

广电媒体不仅要提供丰富多彩的节目内容，更要关注用户的实际需求，将服务触角延伸到用户的日常生活中去。随着人们对健康的重视程度提高，健康产品、健康观念、健康知识等已成为生活必需品。为了回应用户的这一需求，广电媒体可以着眼于与用户息息相关的健康领域，打造“大健康”服务平台。“大健康”通常也被称为“健康生态”，强调以人的健康为中心，关注身体、心理、社交和环境等多个维度的健康状态。“大健康”提倡普及

---

① 张志安，汤敏．新新闻生态系统：中国新闻业的新行动者与结构重塑［J］．新闻与写作，2018（3）：56-65.

② 孙信茹．数字文化研究的“嵌入性”［J］．现代视听，2020（10）：1.

健康生活、提供个性化的健康管理和服务、发展健康产业，以及借助大数据、人工智能等信息技术提供更精准的健康管理和医疗服务等保障。

具体而言，广播电视媒体打造嵌入式的“大健康”服务平台可以从健康需求、社会关系和终端覆盖三个维度发力。

1. 满足健康需求，成为用户的全方位“健康助手”

在媒体融合的背景下，地方媒体逐渐由传统的内容生产者转变为平台化的媒体中心，使得媒体的功能以服务化的手段，深度嵌入到日常化的生活之中，满足用户在健康方面的种种需求。媒体打造的“大健康”服务平台可以集合健康资讯、健康咨询、健康管理等多元化服务，通过定期的健康讲座、专家在线答疑、个性化的健康管理计划等，为用户提供一站式的健康解决方案。

2. 扩散社会关系，“视听 + 社区 + 圈层”放大传播效果

《中共中央国务院关于加强和完善城乡社区治理的意见》指出，“城乡社区是社会治理的基本单元。城乡社区治理事关党和国家大政方针贯彻落实，事关居民群众切身利益，事关城乡基层和谐稳定”。“社区”概念由德国社会学家滕尼斯于 1887 年首先提出，他认为社区是一种以血缘、地缘、家族关系、邻里关系以及友谊为基础，且以自然意愿占优势或由自然意愿支配的共同体。社区作为公众日常生活的基本单元，以社区为单位的传播路径能够深入基层治理的最小单位，为用户提供更为切实的服务，从而形成“视听 + 社区 + 圈层”的新扩散模式。

媒体建构的“大健康”平台还可以与医疗机构、健康产业等相关领域进行深度合作，深入百姓社区，共同为公众提供更加全面、专业的健康服务。以社区为基本单位的传播模式，一方面有利于解决用户接受健康医疗服务“最后一公里”的问题，为用户提供及时、便捷的健康咨询、健康诊

疗等服务；另一方面，有利于借助视听媒体例如“村村通”、社区活动室、社区公告板等，深度嵌入用户的日常传播网络，勾连“强关系”与“弱关系”网络，形成社区内“口口相传”人际传播的扩散模式。通过整合各方资源，广电媒体能够为用户提供更加便捷、高效的健康服务体验，与用户建立更加紧密的联系，从而成为用户生活中不可或缺的一部分。

3. 覆盖移动终端，技术保障服务触及范围广

为了确保信息能够无缝渗透到社会的各个角落，特别是那些传统传播方式难以触及的区域，媒体应当积极实现移动终端的全面覆盖。特别是在健康服务领域，媒体的这一角色显得尤为关键。健康信息对于每个人都是至关重要的，它关系到人们的身体健康和生活质量。通过实现移动终端的覆盖，媒体能够将健康服务信息迅速、广泛地传递给广大民众。无论是健康知识普及、疾病预防宣传，还是健康咨询和医疗服务推荐，都可以通过媒体的力量，以更便捷、更高效的方式触达每一个人。

广播电视媒体可以借助互联网、移动互联网等新媒体技术，打造跨媒体、跨平台的“大健康”服务平台，通过电视、手机 APP、网站等多种渠道，为观众提供便捷、高效的健康服务；通过大数据技术收集和分析观众的收视习惯、健康需求等数据，为观众提供更精准的健康服务。例如，根据观众的收视偏好和健康状况，为他们推荐合适的健康节目、健康资讯和健康服务；还可以利用人工智能、机器学习等技术，实现健康服务的智能化。例如，开发智能健康助手 APP，为用户提供个性化的健康建议、健康提醒和健康监测等服务。

媒体还应当寻求与其他政府机构和公共服务组织的合作与联动。一是与医院、诊所等医疗机构建立合作关系，共享医疗资源，为观众提供更专业的健康服务。例如，与医院合作开展远程医疗咨询、在线挂号等服务；与诊所合作开展健康体检、健康评估等服务。二是与健康食品、健身器材、

健康保险等相关产业联动，共同打造大健康生态圈。通过广告、赞助、合作等方式，将健康产业的产品和服务引入到“大健康”服务平台中，为观众提供更多元化、更高品质的健康选择。三是与卫生部门、体育部门等政府机构以及各类健康社会组织合作，共同推广健康生活方式，提高公众健康水平。例如，与政府合作开展健康知识普及活动，与社会组织合作开展健康公益活动等。

（三）职能延伸，政务 + 智库 + 公益综合服务

党的十九届四中全会指出，“必须加强和创新社会治理”。党的二十大报告指出，“健全共建共治共享的社会治理制度，提升社会治理效能”“建设人人有责、人人尽责、人人享有的社会治理共同体”。媒介作为社会治理的重要组成部分，媒介化治理指向一种“媒介规制”的实践取向，是探索媒介何为与治理何往的治理新范式，最终要以治理的媒介化进路及逻辑达成善治目的。① 激发和引导公众参与公共事务是媒介化治理的重要组成部分。从狭义上看，公共参与是指公民个体或公共群体参与“政府决策制定和公共治理的制度性参与行为”。② 从广义上看，公共参与是指公民为了改善他人的生活条件或是社区、社会等共同体的未来，而参与共同体的生活中的行为。③ 媒体通过发布与公共事务相关的视听产品、设置公共活动等方式引导公共参与，主要包括三个基本的路径，即以“媒体 + 问政”破除政民对话壁垒、以“媒体 + 智库”推动知识普及传播、以“媒体 + 公益”激发公民

---

① 陈华明，刘效禹，贾瑞琪 . 媒介何为与治理何往：媒介化治理的理论内涵与实践路径［J］. 新闻界，2022（4）：51-58，84.

② 钟智锦，廖小欧 . 公共信息接触、政治效能和公共参与的“良性循环”［J］. 新闻大学，2022（8）：78-91，124.

③ ADLER R P，GOGGIN J. What do we mean by“civic engagement”?［J］. Journal of transformative education，2005，3（3）：236-253.

社会参与。

1.“媒体 + 问政”，破除政民对话壁垒

中共中央办公厅、国务院办公厅印发的《关于加快推进媒体深度融合发展的意见》提出“新闻 + 政务服务商务”模式，为传统主流媒体向新型主流媒体转型指明了方向。“新闻 + 政务服务商务”模式，以“新闻”为龙头[①]，加快推进媒体深度融合发展要坚持以人民为中心的工作导向，以人民视角、民生内容、民本取向为着力点，以民生、民情、民意为切入点，通过“媒体 + 问政”打通宣传群众、教育群众、服务群众、凝聚群众的“最后一公里”。

通过媒体实现问政，既是公民实现政治监督的重要路径，也是破除政府和公民对话壁垒，促进政策制定与国家发展的重要渠道。例如，湖北广播电视台长江云平台开设“云上问政”栏目，与各地党政部门工作平台、服务后台联通，让老百姓通过长江云“问政”，提交诉求，三级督办，实现全天候“一键问政”。目前有 87 家云上使用问政系统，每天接收问政和报料信息 1000 余条，让基层群众能够主动参与人居环境、乡风建设等方面工作。这样与用户的深度互动，打破了屏幕的障碍，让用户能够真正参与公共事务决策与社会发展。

再以湖北经视《315·我们在行动》为例，该节目致力于提供直播交互、媒资存储、数据分析等系统化解决方案，打造融媒体时代舆论监督新模式。湖北经视首创 315 节目全国合作模式，发起全国 12 省市大联播，共享选题、线索同步、合作采访、跨省追踪，开创 12 小时接力网络大直播。融媒体渠道征集消费维权线索 1 万多条，联动发布 315 相关预热及追踪大屏新闻合计 460 条，全网短视频发布 4000 余条，70 余条小视频播放量超

① 刘小榕 . 地方媒体“新闻 + 政务服务商务”运营探索：以中山广播电视台为例［J］. 电视研究，2022（7）：81-83.

1000万。依托《315·我们在行动》活动，湖北经视还开辟了融媒体专栏《天天315》，与政府部门执法监管良性互动，使人民群众、政府部门和主流媒体成为维权共同体，由常态协作形成“星链”，真正成为解决问题、推动工作的“第一环”，体现“以人民为中心”的工作理念。

线上问政与线下治理相结合，提升政府基层治理能力。2020年9月26日，中共中央办公厅、国务院办公厅印发《关于加快推进媒体深度融合发展的意见》指出，要充分把握深度融合发展机遇，探索建立“新闻+政务服务商务”运营模式，全面提升自我造血机能。然而，当前媒体建设与发展面临着受众不看、引导乏力等现实问题，根本原因在于媒体未能深入了解当地基层群众的真正诉求与需要的服务功能，无法与民众需求相匹配，导致平台与用户之间的双向互动不足，用户参与度与活跃度不高，难以实现“想人民之所想，问人民之所问”的目标。

基层社会治理是城乡基层社会治理的统称，是国家社会治理的基石。[①] 湖北广播电视台以长江云平台为载体，实现城乡全覆盖，提供城乡之间沟通和交流的通道，让政府管理延伸至社会的各个角落，从而提升了政府的基层治理能力。长江云“云上问政”栏目与各地党政部门工作平台、服务后台联通，借助长江云的大数据分析能力，为党和政府的政策制定与决策实施提供重要参考。

2.“媒体+智库”，推动知识普及传播

党的十八大以来，以习近平同志为核心的党中央始终高度重视中国特色新型智库建设，就建设中国特色新型智库、建立健全决策咨询制度等作出系列部署。《关于加强中国特色新型智库建设的意见》《关于社会智库健康发展的若干意见》等一系列支持智库建设的政策密集出台，为中国特色

① 陈成文，刘慧敏.从结构化理论看基层社会治理的社会化［J］.贵州社会科学，2022（10）：83-91.

新型智库体系建设提供了路线图，国家高端智库建设进入“快车道”。

智库（Think Tank）是由有明确研究方向的、复合学科背景的各类专家组成，基于对知识的获取、开发利用和创新，为决策者处理复杂问题提供最佳理论、策略、方法、思想等的政策研究咨询机构。[①] 智库既是政府治国理政的知识参考，也是大众获得与国家发展密切相关的信息的重要来源。媒体兴办智库，是传统媒体在新媒体发展带动下谋求转型的内在需求，也是中国特色新型智库建设对媒体内容深化和影响升级的外部推动。媒体兴办智库的优势在于，一是媒体能够广泛触及一线实际、触及老百姓的日常生活，真正发掘百姓关心、百姓需要的知识；二是媒体具有强大的社会联结力，能够迅速高效地凝聚起政府、社会、市场等各方面资源，进行有效的议题设置。

视听媒体智库建设主要提供两个方向的服务。一方面，面向专业人士，“智库”提供精专化的知识服务。湖北新型智库平台建成了包括“智库成果库”“专家大数据库”“行业智库”“智库协同创新”在内的九大模块，提供行业内信息交流与信息检索服务，促进知识流通，助力专业化的决策与治理。湖北新型智库平台依托海量的数据资源，实现智库成果传播转化、各类决策借智引智、智库与决策机构双向沟通，形成了信息集成、成果集成、专家集成的三重智库资源集成。

另一方面，媒体智库面向日常大众促进基础知识的普及。例如，“云上社科”信息服务平台，开设了头条、湖北、成果数据库、政情、高校信息共享、社科等垂直细分频道，打造湖北省域社科领域的权威资讯入口。湖北广播电视台结合社会热点与公众日常生活需求，创办包括《习近平新时代中国特色社会主义思想三十讲》《你好 赛先生》《荆楚社科名家》《同上一堂思政大课》等视频栏目，为受众提供国家重大政策解读和日常生活知

① 申静，蔡文君，毕煜．智库研究的现状、热点与前沿［J］．情报理论与实践，2020，43（12）：33-41.

识普及，在推动国家政策落地化、普及化的同时，提升公民政治素养，激发公民公共参与动力。

《是这个理》栏目采用“社科专家下基层，田间地头释理论”的表现形式，以宣传习近平新时代中国特色社会主义思想为主旨，聚焦巩固脱贫攻坚成果、全面建成小康社会、绿色发展、建党百年、社会治理、党的十九届六中全会精神等热点话题，充分挖掘湖北社科专家资源和大量实践案例资源，通过社科专家走入田间地头、基层现场来发掘故事、讲述故事，从故事中揭示背后隐含的新思想，真正做到“故事从群众中来、道理到群众中去”，实现了党的新思想、新理论与群众生活的紧密相连。

《你好 赛先生》以大众视角看科技，从普及角度说科学。十期节目干货满满、亮点频频：钮新强院士以“水科学”为题，细说我国水利工程高质量发展中的黑科技；褚君浩院士演示红外技术的广泛应用，揭秘“看不见的光”如何改变世界；邓子新院士围绕“以生物造万物”，畅谈“合成生物学”的丰富应用和广阔前景；刘经南院士分享中国北斗这颗夜空中最闪亮的“星”，以及“北斗 +5G”正在打开的巨大想象空间……《你好 赛先生》成为让院士科普走近大众的电视课堂，携手十位“当代赛先生”（在多个前沿领域实现关键核心技术突破、承担我国重大科技任务的领军人物），带领观众回眸科技攻坚的跋涉历程、触摸科技前沿的澎湃脉动、畅想科技巨变的无限可能。

2022 年湖北省《同上一堂思政大课》走出教室、走向国情社情一线，在观照现实中阐释真理的力量。该活动在创新打造“沉浸式”课堂的基础上，采用情景讲述、直播连线、情景再现、模拟现场等不同的呈现方式，结合英文宣讲、戏剧等多种表现手段，将被动的听讲变为互动交流，打造现场强互动、沉浸体验式的精品课程，激活学生思维，引导学生深度参与。

《同上一堂思政大课》变“固定讲台”为“流动课堂”，宣讲内容从“高大上”变得“接地气”，比如在高科技产业园，边讲课边让学生体验我国日新月异的科技发展速度；在社区里体验“一日网格员”，了解新时代新社区新生活；模拟“线上联合国会议”，让大学生学习如何向世界讲好中国故事……宣讲人除了思政课教师，还有优秀党员、劳动模范、行业专家、致富带头人等先进模范代表，通过一个个实现“中国梦”、书写“新时代答卷”的奋斗故事，在思想碰撞、精神熏陶、人格示范、深度交流中，引导青年学生牢记使命、勇挑时代重任。《同上一堂思政大课》以多样化的宣讲队伍构成和精准的目标人群定位，在同频共振中提升思政课的影响力，以灵活多样的课堂形式，让思政课入脑入心，促使青年学子学思践悟，躬身笃行。用极具亲和力的课堂，让思政课变得“可听懂、可理解、可接受、可认同、可记忆、可造就”。

3.“媒体 + 公益”，创新精准扶贫模式①

党的二十大报告指出“要扎实推进共同富裕，引导、支持有意愿有能力的企业、社会组织和个人积极参与公益慈善事业”。参与公益活动为公民提供了社会参与的渠道，然而，我国公民在参与公益活动中仍存在着信息不充分、虚假信息多、参与渠道少等诸多障碍。湖北广播电视台长江云平台率先以“媒体 + 公益”新模式，探索主流媒体参与社会公共治理的有效路径，为公众提供可靠的公益信息和参与渠道接口。

一方面，创作融媒体式的公益视听作品。例如，湖北广电《长江说法助力困境儿童成长计划》项目聚焦于社会上无人监管和抚养的孤儿、流浪儿童、辍学学生及其他有特殊困难的少年儿童。通过“长江说法”全媒体平台，累计发布救助帮扶视频 600 多条，并得到 10 多家央媒、其他省级媒体的转发，融合传播全网点击量达 18.2 亿。发挥媒体的公信力、专业内容生产和传播能力，与字节跳动等平台深度合作，优势融合、资源互补，

① 部分内容参考了曹曦晴等人发表于《传媒》2020 年第 21 期的文章《长江云：创新精准扶贫模式凸显媒体融合力量》。

实现了“主流媒体＋公益机构＋商业平台”的深度融合，为公众提供了解公共服务和社会事务的渠道。

另一方面，打造多样化的公益活动。20世纪80年代，美国传播学者詹姆斯·凯瑞提出“传播仪式观”的概念，强调传播中的过程分析，并认为传播不是信息的扩散和分享，而是对社会的维系，是信仰共享的表征。传播仪式的意义与集体记忆的内核大略一致。[①] 媒介仪式强调媒介对仪式的构建作用，是“围绕最关键的、与媒介相关的类别和边界组织起来的形式化的行为”。[②] 以公益活动为载体，设置一系列仪式化的操作，在公益仪式的“涵化”下，用户的公益素养得以提升，从而促进社会凝聚力的提升。

以湖北省广播电视台为例，湖北广电专门推出了“长江云·公益”志愿服务平台，以公益垂类服务为切入口，建设将慈善救助、公益帮扶、志愿管理、社会捐献、正能量传播等融为一体的全国首款省级公益服务枢纽平台，举办包括助农活动、拯救长江濒危动物等活动，引导公众保护环境、携手发展公共事务，促进人与自然的和谐发展、城乡之间协同共进。省级媒体最大的优势是“上接天线”，了解扶贫政策和电商平台以及消费者需求；县级融媒体中心最大的优势是“下接地气”。而长江云平台整合了湖北省120个“云上”系列客户端，既有省级媒体的资源优势，又有县级融媒体的快速反应能力，可以成为二者之间的纽带，助力精准扶贫。

移动互联网时代，内容的数量和传播的速度呈爆炸式增长，但单位时间内用户对内容的需求是固定的，这就对优质内容的持续输出能力和内容运营能力提出了更高的要求。其中，对农媒体在广电体系中最为垂直，方向更明确。作为乡村振兴内容宣传的主力军，如何真正振兴乡村，核心是

① 凯瑞．作为文化的传播：媒介与社会论文集［M］．丁未，译．北京：华夏出版社，2005.

② 库尔德里．媒介仪式：一种批判的视角［M］．崔玺，译．北京：中国人民大学出版社，2016.

全面提升优质内容的生产力，全面运用移动互联时代营销手段，为乡村的发展做贡献。湖北长江垄上传媒集团积极探索“三农”媒体转型的新路径，构建了以垄上行抖音号为代表的“三农”新媒体矩阵，打造“1+N 乡村振兴立体传播体系”，坚持讲好乡村振兴好故事，为媒体职能延伸、公益转型提供经验。

垄上 MCN 充分发挥达人、平台、媒体三方优势，瞄准县域市场，紧盯“三农”垂类，聚焦农产品上行、乡村旅游两个赛道。垄上 MCN 通过“吸纳一批、打造一批、孵化一批”的方式，聚合了 86 位“三农”优质达人、乡村旅游类达人，其中“三农”优质达人 46 名，矩阵粉丝量 2442 万，年生产内容超一万条，阅读量超百亿。矩阵中粉丝数量超 100 万的达人共计 4 名，粉丝数量超 50 万的达人共计 7 名，粉丝数量超 10 万的达人共计 30 名。垄上 MCN 逐步成为乡村振兴的新力量、内容传播的新渠道、经营创收的新赛道，将乡村振兴、共同缔造、媒体融合等工作有机结合，助力县域经济高质量发展。

正如宣传语——生活有点田（甜）所显示，垄上 MCN 以分享甜蜜的田园生活为己任，例如达人塘主晨晨，生活在鄂州乡村，乐于分享三个妯娌丰富有趣的田园生活；达人丛林二胖来自恩施建始县的大山里，热衷于分享土家族美食；达人赵美丽，以其渔家女孩的形象，成为鱼米之乡的最佳推荐官。

他们是荆楚农优品推荐官。和其他带货主播不同，垄上 MCN 达人们的直播间设在田间、在果园，他们的闪光灯是烈日。他们来自农村，更希望将湖北乡村的好物、美景推荐给粉丝。

移动互联网时代，手机成为新农具，直播成为新农活。为了充分发挥广电内容生产能力、资源聚合能力、“三农”达人的孵化经验，让乡亲们享受时代红利。自 2020 年起，垄上 MCN 联合今日头条、抖音推出《荆楚乡村代言人计划》。达人化身讲师，将内容生产经验传授给更多乡亲、平台提供专属流量扶持，机构通过重点内容推广、资源对接等方式，为乡亲们提供更多实战经验。目前该计划已与武汉市农业农村局、江陵县政府等多家单位合作，培训近万人。

广电 MCN 不是剥离传统形态的“另起炉灶”，而是以导向为“魂”、以广电为“根”、以传播为“基”的新型内容生产、传播、营销体系。在这个体系中，垄上 MCN 一直秉承三个坚持，即坚持“三农”垂类、坚持用户思维、坚持服务农业产业发展，探索构建起四大体系，努力打造广电新型内容生产的“孵化器”。

一是建立“1+N”“三农”内容生产和传播体系。移动互联网时代的内容生产和传播必须是基于移动传播的底层逻辑而存在。围绕提升“三农”内容的传播力这一课题上，垄上 MCN 探索构建“1+N”内容生产和传播体系。“1”是指以八百万粉丝大号——垄上行抖音号，N 是指多个“三农”垂类达人账号。在热点话题营销中，以垄上行大号为话题内容生产和发布的原点，旗下五十多个达人账号围绕话题共同发力。全面实现“垂直内容、垂直账号、垂直传播”，全面提升内容传播的广度和深度，全面触达“三农”内容精准用户，激发 UGC 用户的内容再生产并实现裂变。

二是建立 B2C 内容营销和品宣体系。B2C 是 MCN 的主要营销逻辑。近年来，湖北长江垄上传媒集团聚焦湖北省农产品区域公用品牌建设，积累了大量优质 B 端客户资源。在 C 端，垄上 MCN 通过内容输出，集聚了大量精准消费人群。两者以短视频、网络直播、话题营销等整体营销手段嫁接，可以快速帮助客户在线上完成品宣、用户触达、销售等一系列流程，全面提升客户营销效率，构建 B2C 线上营销渠道。

三是建立“双屏”共振内容生产体系。垄上 MCN 达人的“三农”垂类属性与垄上频道属性完全吻合。通过覆盖全省的达人体系，垄上频道策划相关主题宣传任务，达人可根据策划要求，在生产短视频内容的同时为大屏提供素材。一方面让大屏内容更丰富，素材更鲜活；另一方面让小屏内容更专业，话题度更高，在垄上中台管理体系下实现“双屏”共振。

四是建立城乡互联体系。“小康不小康，关键看老乡”，随着乡村振兴战略的全面实施，对农村媒体的责任从服务乡亲，转向服务农业产业发展，助力县域经济高质量发展。垄上 MCN 旗下达人 75% 来自农村，而他们的粉丝人群 85% 来自城市，通过持续的“三农”内容输出垄上 MCN 已经成为城市人了解乡村、热爱乡村的重要渠道。垄上 MCN 希望通过本地生活服务将乡村与城市的距离缩短，让乡村的美食、美景能够更多地触达城市用户，构建城乡互联体系。

2018 年至 2019 年，为助力湖北打赢脱贫攻坚战，由湖北广播电视台、湖北省农业农村厅、湖北省扶贫办联合主办，长江云和垄上传媒承办了“百天千万扶贫行动”。“百天千万扶贫行动”通过长江云平台一键部署功能向湖北各地县级融媒体中心发布报名信息，各地将需要推选的农产品进行上报，并通过农业部门、扶贫部门、电商平台进行资格认定和质量评定，最终形成一个品类丰富、质量过硬的农产品扶贫销售数据库。湖北广播电视台全台、全省各地“云上”系列县级融媒体中心、电商平台等都参与了此次扶贫系列直播，采取众包众筹、分工协作的方式，破除行政区隔、媒介界限和行业壁垒，形成了以扶贫为中心的同轴运转式立体传播格局。长江云不满足于通过单次直播能带来多少销量，而是以“精准扶贫”为立意，对接专家、企业、媒体和政府，为贫困地区提供信息、思路和办法，拓展出了“直播 + 电商 + 网络课堂”的新模式，把扶贫与扶志、扶智结合起来，变“输血”为“造血”。

MCN 的核心在于持续的优质内容输出和持续的变现能力，是一套全新的商业逻辑和管理逻辑。垄上 MCN 在冷启动时期因发展方式不明确、商业模式不完整而遇到过自孵化能力不强、商务能力较弱、达人矩阵体量小等问题。后来通过内部整合、外部吸纳、人才建设等方式，不断提升优质账号的自孵化能力，通过创建广电 MCN 整合运营的新机制，探索了“三农”内容运营的新模式。

一是建立内部激励机制。内部员工孵化期设定为三个月，孵化前制定每月考核目标，孵化期每月进行一次考核，根据任务完成情况进行分配。孵化第三个月进行一次论证会，若完成率不超过 60%，则就地解散，若项目通过则直接进入商业拓展阶段。在此政策激励下，垄上 MCN 成功孵化出主持人喜子（40 万）、一崔哥（131 万）等一批主持人记者账号。

二是建设内容和营销管理中台。垄上集团移动互联网工作室作为垄上 MCN 的运营中台，集团全媒体营销中心为营销中台，提供资源对接、内容运营、数据分析、商务对接、电商供应链等相关服务，帮助旗下达人快速成长。

三是建立自孵化体系。一方面充分挖掘武汉百万大学生资源，垄上 MCN 与多所高校共建短视频实训基地，培育发掘短视频、电商人才。另一方面通过《荆楚乡村代言人》计划寻找一批扎根乡村、热爱家乡，有内容创业意愿的素人，为其提供专业指导、流量扶持、商业变现等服务，最终签约机构。

乡村旅游、乡村美食等垂类内容的输出，以及线上营销手段的不断优化，搭建了从线上到线下的消费场景。5G 及可穿戴技术的发展更进一步拉近了城市与乡村的距离。优质农产品和乡村旅游目的地不再是“只在此山中，云深不知处”，“三农”产品的线上推广及营销触达率、转化率将大幅度提升。农业产业的发展与县域经济发展有着密不可分的关系，“小而散”的生产模式逐渐向“抓大放小”方向转移。垄上 MCN 将通过内容传播数据和电商营销数据，建立农业产业数字化营销平台。通过数据快速挑选有市场竞争优势的农业产业龙头企业，既方便用户“买湖北、卖湖北”，也及时帮助政府和农企提供生产和决策指导，聚焦重点企业、重点行业，为农业产业发展服务。

未来，垄上 MCN 将进一步深入县域，建立县域达人孵化体系。通过线上线下培训和实操，将触角深入基层。以现有“三农”达人为模板，孵化更多热爱家乡、热衷内容创业的优质三农达人，助力县域经济发展。同时围绕乡村振兴题材，创作精品短视频内容。借助覆盖全省的达人体系，搜集乡村振兴发展过程中的正能量故事、人物典型。背靠广电内容生产的能力，持续输出精品短视频内容，讲好乡村振兴故事。

总体而言，在技术的快速发展下，视听媒体应当逐渐由单一的内容生产者转向多元的服务提供者，借助“多端联动”的新形态，贯彻“日常嵌入”的服务宗旨，实现“职能延伸”的效果，强化“服务侧”供给，主动融入国家区域协调发展战略，打造地方性垂直化服务平台。受众的需求不断提高，视听媒体单一化的内容生产已经难以满足受众多样化、移动化的需求。时代变化呼唤视听媒体向服务平台转型，这就要求视听媒体将信息资源进行重新聚合，以受众为先的价值标准指导内容生产，推动全媒体渠道深度融合；根据本地用户的需求和特点，提供视听内容和服务，提升传媒产业链内外关联度；赋能公民日常生活服务，促进公民参与；促进媒体深度融合，逐步实现视听产业垂直化转型和服务型产业建设。

第四章

传播新矩阵：持续深耕本土化与国际化视听传播双渠道

目前，视听产业生态建设已经进入深水区，需要向精细化、体系化转型释放新动能。相对于传统视听产业追求横向分布和广泛领域，媒体融合背景下，视听产业转型则应当向本土化和国际化两个维度深耕。其中，本土化是指根据本地市场的需求和特点，开发和提供适合本地用户的视听内容和服务。本土化可以帮助视听产业更好地满足本地用户的需求，提高用户的满意度和忠诚度，同时也能促进本地文化的传承和发展，增强本地文化的自信心和认同感，进而为国际化奠定基础。国际化是指将视听内容和服务推向国际市场，拓展国际用户群体。国际化可以帮助视听产业扩大市场规模，提高媒体的竞争力和盈利能力，同时促进不同国家和地区之间的文化交流和互鉴，增进国际理解和友谊。通过国际化，可以将本地文化推向国际市场，增强本地文化的影响力和认同感，进而促进本地文化的传承和发展。二者是相辅相成、相互促进的关系。

媒体作为信息传播的重要渠道，应该注重本土化和国际化的平衡和融合，不仅要满足人们对本地信息和文化的需求，开发和提供适合本地用户的视听内容和服务，还要积极参与国际交流与合作，积极拓展国际市场，将本地文化推向世界。在媒体融合的背景下，视听产业需要不断创新，充分发挥媒体的职能，构建地方性垂直化视听服务枢纽，以满足人们日益增长的需求。同时，广电视听作为具有独特优势的媒体形式，应当积极打造视听国际传播共创模式，通过内容共创、渠道共创和品牌共创，做精国际传播视听产品，做强国际传播多级联盟，做好国际传播服务平台，提升我国在国际舞台上的影响力和话语权。

一、视听时空再造，场景化内容生产塑造“地方”之感

场景理论源自戈夫曼的拟剧理论，即人们会在各种社交场合中扮演社会角色。这种角色的表演可以看作舞台的“前后台”表演，人们在“后台”做准备，在“前台”进行表演。该理论强调了场景、人物和行为之间的关系。① 在视听传播业态的建设过程中，面临着传播视频化、视频碎片化、碎片移动化、用户注意力分散化等新问题、新挑战，传统的视听业态难以满足用户深层次的需求，对视听内容生产的场景化改造成为广播电视媒体破局的新思路。

《关于加快场景创新以人工智能高水平应用促进经济高质量发展的指导意见》中指出，“场景创新是以新技术的创造性应用为导向，以供需联动为路径，实现新技术迭代升级和产业快速增长的过程”。《中华人民共和国国民经济和社会发展第十四个五年规划和 2035 年远景目标纲要》也明确提出，“十四五”时期要发展沉浸式体验、虚拟展厅等新型视听服务平台。5G 时代的来临让视频成为视听领域的主流作品形式，目前视频和音频在画质、音质方面已经进入瓶颈期，为用户提供身临其境的体验是视听产业发展的目标，场景体验成为数字视听时代的重要追求之一。这就要求广播电视媒体将视听产业与场景创新深度融合，开拓智慧广电在城市管理、乡村治理、医疗健康等领域的新场景、新应用、新空间，促进视听三维化、虚实融合沉浸影音等关键技术突破，加速推动超高清视音频在多方面的融合创新发展，引领大视听产业迭代升级，将视听传播场景深度嵌入用户生活的各个角落和国家发展的各个方面。

---

① 黄奔奔 . 洋网红短视频的中国乡村形象建构研究：基于戈夫曼拟剧理论的视角［J］. 新闻世界，2023（5）：29-32.

正如罗伯特·斯考伯和谢尔·伊斯雷尔在《即将到来的场景时代》一书中所预言的，互联网将步入场景时代，并指出移动设备、社交媒体、传感器、大数据和定位系统是构成场景的五种技术力量，场景五力无处不在，正在革新消费时代人类的行为体验。[①] 技术的快速发展为场景化传播提供了技术基础。数字科技赋能文化生产，在智能影像传播语境下，文化类节目在内容演绎、传播介质、媒介效果等层面呈现出科技与文艺融合发展的趋势。[②] VR、AR 等新技术的发展促进了虚实场景的交融，5G 技术加快了场景的流动与转化，AIGC 提升了场景创造的质量和效率。

与此同时，用户对于高沉浸式、强临场感的视听产品的需求，呼唤视听新场景的出现。相较于传统视听传播的叙事方式，场景化的传播更加强调“在场叙事”体验，即通过互联网数字化技术与媒介传播平台，利用数字化技术实现文化符号与受众载体在实体场域下的情感联系，以创新传播媒介、重构传播场域等手段，创造出新的空间与场景，以达到凝聚情感和价值认同的作用。在场景的塑造上，通过构建情境、塑造角色和呈现场景等手法，营造贴合传播主题的场景。在与用户的互动上，用户通过订阅、观看、留言、点赞、转发等方式进行信息互动，形成情感连接。场景化的传播模式，满足了受众对于打破时间和空间限制的需求，迎合了受众移动化、碎片化的消费习惯，为视听业态转型开拓了新的消费空间。

在具体的实践方面，“场景”涉及消费、体验、情绪、价值等集合概念，已经成为文化意涵或是空间体验外化符号形式实现意义传递的重要途径，并潜移默化影响受众的价值观念和文化认同。[③] 视听传播的场景化生产

① 斯考伯，伊斯雷尔．即将到来的场景时代［M］．赵乾坤，周宝曜，译．北京：北京联合出版公司，2014.

② 段鹏，宋芹．文化共生与技术赋能：文化类节目高质量发展的思考［J］．中国编辑，2022（3）：76-80，85.

③ 张志安，吕伟松．符号、形态与场景：面向青年的中华民族现代文明浸润式传播［J］．青年探索，2023（5）：5-15.

可以表现为公私域融合对家庭空间的再造、视听声景对城乡景观的塑造和家国地方对地方认同的建构。

（一）社交空间，媒体融合再造视听“朋友圈”

一直以来，视听传播与家庭空间密切相关。广播电视的发展与繁荣塑造了“阅听人”的身份与权力，也催生了相应的专属“社会图景”。文本意义上的现代性唤起、施于过程的中介作用、植根社会语境的家庭生活秩序，令其最终形成区别于其他大众传媒的独特媒介底色。媒体融合程度的加深使传统意义上以电视为基础的视听传播进入新旧媒体融合、多屏交互联动的时代。①

一方面，新旧媒体融合联动弥补了旧媒体的缺陷。为重塑社交空间提供了新的可能。美国媒介理论家保罗·莱文森提出了补偿性媒介理论，认为新媒介是对旧媒介先天不足功能的补救和补偿，新媒介在某些方面先进于旧媒介，但可能在某些方面落后于旧媒介。从印刷媒介技术到电子媒介技术再到数字媒介技术，身体真实地呈现出“去身真实—具身真实—拟身真实”的变迁过程。另一方面，新旧媒体的融合互补创造出新的传播可能。新旧媒体功能性上的互补创造出新型的、混合型的传播场景，新旧媒体在同一场景中的相遇与相融，实现了超越媒介形式功能性的深度融合。

1. 新旧媒体共生，打破传统家庭传播结构

随着互联网的发展，传统的观看场景随着电视的衰落而逐渐扩展。智媒时代的到来，媒介与家庭之间构成了一种超越以往的新型关系。美国学者乔治·格伯纳较早做了有关大众传媒对家庭生活的影响研究。他指出，

① 周勇．“收视率”不再为王 大数据时代视听传播效果评估的重大变革［J］．新闻与写作，2014（11）：26-29.

家用电视对培养家庭生活期待度及建构生活观等方面产生较大作用。数字媒介技术越来越多地融入不同地域、不同类型的家庭，“传播媒介”对家庭生活、家庭关系、家庭秩序等多个方面都产生较大影响，“媒介的使用”已被纳入普通家庭的框架之中，成为人们日常生活的重要组成部分。①

在以电视为代表的电子媒介场景时期，约书亚·梅罗维茨提出了“媒介情境论”这一概念，将电子媒介引入“场景”概念，深入地探究了电子媒介如何影响人们的日常生活。手机等新媒介的出现打破了传统媒体时代以电视为核心的家庭传播氛围，人手一部手机，各玩各的家庭传播场景逐渐打破了一家老小围坐在电视前观看的传统。英国学者戴维·莫利指出，离开电视文本本身，看电视是一种家庭仪式活动，节目的固定时间播送使得人们被媒介定时。私人化媒介消费模式的发展，个人从家庭中分离出来，家庭缺失了沟通和交流，家庭关系变得脆弱；人们身处媒介中将自己隐藏起来，切断与他人互动，提供了一个以自我为中心的场域，即一个“不在场的语境”。②

这使得用户将“在场”转变为“远程在场”成为可能。“在场”一词原本是哲学概念，意为“存在呈现于此时此刻（当下时刻和当下场所）”，既包含“空间上的显现”，也包含“时间上的现在时刻”。③身体在场的交流往往是即刻的、当下的，传播被限制在时空范围狭小的场域内。在以电视为中心的视听传播时代，受众被局限在以电视为中心、以客厅为主要空间的传播场景之中，而手机等新媒体出现后，其延展了家庭传播的空间。正是因为新媒介的对用户“在场”的满足，人们不再受限于传统的居住模式，成为可分离、可交融的自由场景元素，并逐渐形成以手机为中心的新的家

① 李彦雯，吴飞．“家庭的媒介化”与“媒介的家庭化”：媒介与家庭的双向互构与实践逻辑［J］．新闻与写作，2023（8）：37-47.

② 莫利．传媒、现代性和科技：“新”的地理学［M］．郭大为，常怡如，徐春昕，译．北京：中国传媒大学出版社，2010.

③ 汪民安．文化研究关键词［M］．南京：江苏人民出版社，2007.

庭网络。以电视为代表的旧媒体提供家庭成员聚集的现实空间，而以手机为代表的新媒体则为家庭的交流提供一个在线平台，二者相互交融，线上线下的家庭场域并存，重新塑造了家庭传播的场景结构。

媒介也带来了家庭结构和沟通方式的改变，但在不断驯化的过程中，我们可以做到将技术作为家庭传播日常活动的一部分，“亲密而习惯，联结又拒绝”。[①] 视听传播方式的转变也带来了接受方式的变革，在家庭空间中的角色关系也随之发生变化。米德在《文化与承诺》中提出的“后喻文化”，即“前象征文化”，非常贴近当下我们所生活的时代特征。[②] 在前喻文化时代，长辈向晚辈传授知识，构建家庭内部的权力关系。而在后喻文化时代，子代甚至需要向亲代进行数字反哺。中国家电网 2022 年 1 月发布的《2022 国内市场适老化电视调研报告》数据显示，49.3% 的老年人平均每天看电视时间在 2 小时，49.6% 的老年人开机后不能直达想看的电视节目，40.3% 的老年人在遇到问题后选择“问孩子”。视听技术的进步改变了传统家庭内部的权力结构与关系逻辑，以子代向上传授知识，在视听空间之外，塑造了数字化家庭交往的新空间。

有学者在尼葛洛庞帝的预言的基础上进行修改，认为“当年轻人由于信息传播技术的熟练使用而霸占了全球信息资源，并且发现只有老人需要见习执照时，必须适当、合理地帮助其在前所未有的地方，找到新的希望和尊严”。[③] 新旧技术的交替与融合为社交场域的情感沟通提供了空间，在这个空间之中，一方面，传统家庭结构中的长辈可以通过向子辈学习而提升自身的数字技能，促进自身的数字融入，获得在数字时代生存的尊严与身

---

① 廖凯弘，彭立沛．科技眷养历程的重构与再现［J］．教育传播与科技研究，2014（107）：29-44.

② 米德．文化与承诺：一项有关代沟问题的研究［M］．周晓虹，周怡，译．石家庄：河北人民出版社，1987.

③ 陈友华，宗昊．数字反哺：年长世代的“精神接入”何以可能？［J］．西安交通大学学报（社会科学版），2023，43（3）：98-109.

份；另一方面，子辈可以通过向长辈传授知识，促进与长辈之间的沟通与交流。从这个意义上来说，新旧技术的融合创造了现实空间之外情感交流和融合的温情空间，促进了家庭之间的交流与沟通。

2. 大屏小屏共在，延伸社交传播场景

梅罗维茨认为，电子媒介的出现“损坏了物质地点和社会场景的传统联系”[①]，这不仅导致物理场景的有形边界失去效用，还重构了一种新的由电子媒介营造的“新场景”。新媒介的进入，改变了传统以电视为主体的单一屏幕的传播模式，而转向大小屏共生、新旧媒体融合的新场景。胡正荣提出，视听平台的演变进程是“单屏—多屏—跨屏—无屏”。[②]在注意力争夺日趋激烈的背景下，单一的屏幕难以满足用户多元的信息需求，多元终端、多样屏幕联动成为视听传播升级与发展的关键。

《广播电视和网络视听“十四五”科技发展规划》提出了“强化互联网思维和移动优先策略”“研究大小屏互动、多屏联动技术”“发展大屏连小屏、小屏连大屏、多屏连用户等新模式”。在信息化浪潮推动下，湖北广播电视台网络从单一的有线电视向多网络、多终端、多用途转变，以“收看＋使用”的新模式，正在将“智慧服务”送到千家万户。湖北广播电视台在网络社区启动智慧家庭项目的建设试点。现在，只要连上网，电视就成了便民服务平台。从“看电视”到“用电视”，“智慧服务”从家庭延伸到社区，将电视、电脑、手机三屏联通，实现安全、娱乐、教育、医护等多种服务功能。

以湖北广电经视频道旗下服务群众融媒平台“经视朋友圈”为

---

① 梅罗维茨．消失的地域：电子媒介对社会行为的影响［M］．肖志军，译．北京：清华大学出版社，2002.

② 杨余．胡正荣：从“跨屏”到“无屏”，构建我国智能视听全媒体传播体系［J］．中国广播影视，2023（Z1）：17-20.

例，该平台以服务群众为目标，以“共同缔造”为抓手，深度融合“三张网”+“三块屏”，打造线上传播、线下活动、社群管理、党群互动、公益帮扶全链条，形成凝聚群众、引导群众、宣传群众、服务群众的大平台。“三张网”形成信息收集与处理、用户管理、信息发布与展示闭环：经视朋友圈·报料网，汇聚群众需求，反映民情民意，线索分发、一键转办、进度跟踪、数据分析等多功能汇聚；经视朋友圈·社群网，覆盖湖北全省，会集社区书记、网格员近千名，用心沟通，累计解决群众反馈问题6800余件；经视朋友圈·荆楚社区网，凝聚1400余名社区通讯员，展现新时代社区风貌，发布基层稿件一万余篇。“三块屏”以经视电视大屏为基石，衍生拓展线上移动端小屏和线下社区场景屏，实现全场景覆盖，形成“经视朋友圈”独有的融媒联动形式。其中，电视大屏打造公信力核心；移动端小屏会聚全网8000万粉丝，构建亿级传播矩阵；社区场景屏以“经视大舞台”为抓手，全年举办群艺活动一千余场。三屏联动，凝聚群众，共同缔造美好生活。

从地面频道到数字媒体，湖北经视探索民生频道数字化转型新路径，采编团队升级新武器。湖北经视将传统的新闻热线电话改造为融媒互动民生服务平台“经视朋友圈”，集合新闻报料、记者跟踪、民生服务、大数据分析于一体，新闻线索“伙伴云”分发；依托长江云开发智能媒资系统取代传统非线编辑系统，包含智能媒资、虚拟主播、智能配音、智能识别、智能搜索等功能，节目生产全面数字化；引进移动办公云平台，日常管理“秒批”，实现办公自动化、数字化、智能化；常规线下活动数字化升级，采取“单场活动=线下活动+短视频+线上直播+社群运营”全媒体模式，实现全网引流。

（二）城乡意象，视听声景助力形象建设

1967年，居伊·恩斯特·德波在《景观社会》一书中提出，“在现代生

产条件占统治地位的各个社会中，整个社会生活显示为一种巨大的景观的积聚。直接经历过的一切都已经离我们而去，进入了一种表现”。[①] 景观是人与人之间通过视觉形象构建而成的一种社会关系。正如米歇尔所指出的，“诚然，我们以特定的方式来观看社会，因为我们是社会动物，同时还存在另一方面的事实，那就是我们的社会是以特定方式建构的，因为我们是有视觉的动物”。[②] 城乡意象作为视听传播中重要的组成部分，承载着城乡融合、国家发展、社会进步等重大命题。视觉叙事与听觉叙事相结合的叙事手法，在短视频、纪录片等多样化的叙事方式中，塑造出城市风貌、乡村品格和城乡交融的多元景观，为展现城乡发展新成果，促进社会建设提供新力量。

1. 城市风貌，视觉符号打造城市品牌

“十三五”之后，我国全面进入城市型社会，城市化发展从以速度为主转变为速度、质量并重的发展阶段，城市的地位进一步提升。美国城市理论家凯文·林奇最先将“城市”和“意象”联系起来，提出“城市意象”这一概念。奥尔良将“传播”概念首次运用到城市意象生成的作用中，强调传播对“城市意象”建构的重要作用。城市因其复杂的空间形态以及异质生活的表演性，与影像结成亲密关系由来已久。[③] 视听媒体主要通过两个向度的实践实现对“城市意象”的塑造。

一方面，庞德在《意象主义者的几个“不”》中给“意象”下了定义：在瞬息间呈现出的一个理性和感情的复合体。这个定义包含着意象结构的内外两个层面，内层是“意”，是主体理性与感情的复合或“情结”，外层

---

① 德波．景观社会［M］．张新木，译．南京：南京大学出版社，2017.

② 米歇尔．图像何求？形象的生命与爱［M］．陈永国，高焓，译．北京：北京大学出版社，2018.

③ 孙玮．我拍故我在 我们打卡故城市在——短视频：赛博城市的大众影像实践［J］．国际新闻界，2020，42（6）：6-22.

则是“象”，是一种形象的“呈现”，两层缺一不可。视觉符号可以分为包括实物符号、感官符号和文化符号等，对塑造“城市意象”发挥着关键作用。另一方面，媒体可以通过 PGC 引导 UGC，有意识地发掘和引导优质短视频创作。短视频成为用户接收信息、了解知识的重要窗口。西安、成都、长沙、武汉等城市借助抖音平台成为“网红城市”，极大地促进了当地旅游业的发展。从当地特色风光、景区环境、风俗人文、特殊节日等方面展开创作，发起优质话题，促进乡村形象的建设。

例如，武汉广播电视台推出“映像武汉”城市形象宣传短视频发布平台自上线以来，聚焦武汉的城市风貌、日常生活、历史文化等内容，播出短视频 100 多条，全网阅读量超 5 亿。2022 年，该平台获选国家广播电视总局“新时代 新品牌 新影响”广电媒体融合新品牌。“映像武汉”既展现了新时代背景下湖北的蓬勃发展，又呈现出湖北田间地头宜居自然的生态模式。与此同时，在移动短视频的时代下，视频创作的便捷性，使得每一个人都可以成为城市故事创作的主人公，参与城市形象的建设，描绘自己眼中的城市特点。武汉广播电视台还与武汉大学新闻与传播学院开展联合创作，引导大学生进行城市形象创作，让城市形象与少年意气相碰撞，更具青春活力。

2. 乡村风格，视觉生产赋能乡村振兴

2022 年 12 月 23 日至 24 日，习近平总书记在中央农村工作会议上提出，“全面推进乡村振兴是新时代建设农业强国的重要任务，人力投入、物力配置、财力保障都要转移到乡村振兴上来。要全面推进产业、人才、文化、生态、组织‘五个振兴’，统筹部署、协同推进，抓住重点、补齐短板”。视听媒体作为传播乡村文化、传递乡村智慧、描绘乡村景象的主阵地，加快视听产业转型，激活视听传播潜能，赋能美丽乡村建设与乡村振兴发展战略。

一方面，以视听为载体，传递乡村经验。湖北省广播电视台公共新闻频道《直通襄阳》栏目，专题报道了《南漳：特色产业赋能乡村振兴》的经验做法。节目中详细介绍了当地居民因地制宜采取“村集体＋合作社＋农户”的发展模式，发展当地特色农产品、开发旅游业、发展智慧农业等多方面的“致富经”“财富路”；深入加强智慧广电与智慧社会、数字经济、乡村振兴、新型城镇化等重大战略规划的对接，拓展面向政企用户服务的新业态。

另一方面，以视听为形式绘制美丽乡村。2013 年中央一号文件作出了“建设美丽乡村”的工作部署。党的十八届三中全会明确提出要紧紧围绕建设美丽中国深化生态文明体制改革。“美丽乡村”建设不仅需要现实维度上的改善，更需要进行媒介维度的建构，以视听传播为手段，利用多种视听样态赋能乡村景观传播，塑造全面、立体化的乡村景观，带动乡村发展建设。

例如，湖北广播电视台长江云平台推出“湖北保护地故事”融合专题报道，汇集海报、短视频、纪录片、直播、图文等多种形式，大屏传播，小屏互动，从不同角度呈现湖北 300 多处自然保护地的物种现状，立体式展现“美丽荆楚，生态湖北”的风貌。事实上，乡村景观不仅是自然风景，更是乡村中的人。湖北广播电视台《三峡深处亿元村——以民为本的共富奇迹》围绕脱贫攻坚和乡村振兴话题，邀请湖北省秭归县李辉大姐带着背篓和“打杵子”来到节目现场，讲述这位乡村妇女依靠自己的劳动和党的政策支持，实现脱贫致富的故事。呈现出自信自强、勤劳勇敢、朴实肯干的“乡村人”形象，形成了在自然风景之外别样的人文之景。

此外，新旧媒体相互融合为延伸社交情感空间提供了物质基础。湖北省广播电视台充分发挥“村村响”直达农村地区“最后一百米”的末梢阵地作用，围绕重大宣传主题，通过全省“村村响”系统，精心打造“村村讲村村响”常态化主题宣讲品牌。湖北省广播电视台创新理论宣讲表达方式，探索出“荆楚红色文艺轻骑兵＋湖北广播电视台村村讲村村响”主题宣传新模式，通过全省“村村响”102个市、县级平台和遍布全省各村组的30余万只音柱和喇叭终端，向全省农村地区同步音频直播。为扩大覆盖面，活动还通过央视频、新华社现场云、抖音、头条、一直播、长江云等新媒体平台开展网络视频直播，多场直播吸引网友观看人次突破100万，最高一场达120万人次。

3. 城乡交融，听觉感知绘制别样声景

视听产品对地方的构建不仅仅是由视觉所主导的，广播等构建起的“声景”，造就了别样的地方样态。美国学者艾米丽·汤姆森对“声景”的定义是，“如同风景，声景既是物理的环境，也是我们感知该环境的特定方式；它是一个物质世界，也是为理解该世界而建构的特定文化。声景的物理维度既包括声音本身，也包括声能的波动，弥漫于人们的生活环境；它还包括生成和有时消除声音的物件”。[①] 声景与地方的塑造紧密相连，恰如沙弗所言，“声音景观可以是任何值得研究的声音场域。我们可以说一首乐曲是一个声景，一档广播节目是一个声景，一个声音环境是一个声景。我们能够将一个声音环境独立出来作为一个探究领域，正如我们能够探究特定地域景观的特质”。[②]

相较于电视等偏向于视觉传播的媒介，以听觉传播为主的广播具有较强的区域性，其受众多是居住在本地的居民。故而，“声景”主要呈现出两种地方样态。一个是服务性的现实地方，如湖北广播电视台楚天交通广播拥有《事事关心》《城市新干线》《我爱我家》等多个全国、全省十佳节目。

---

① THOMPSON E. The soundscape of modernity：architectural acoustics and the culture of listening in America，1900-1933［M］. Cambridge：MIT Press，2004.

② SCHAFER R M. The soundscape：our sonic environment and the tuning of the world［M］. Rochester，VT：Destiny Books，1994.

其中《城市新干线》栏目以主持人对话、播报的形式实时为听众播报交通状况、城市建设，并在其中穿插湖北本地天气情况、人文地貌，在主持人口播声、汽车鸣笛声、行人过马路嘈杂声等诸多声音之中，相比钟声、鼓声等仪式性声音构成的声景，这些日常声响造成在共时的收听者在空间范围上的认同，共同形成城市想象。

另一个则是情感性的价值传递，如湖北生活广播，将现代都市人群、移动人群作为目标受众，以“创造生活，感受快乐”为节目宗旨，在节目中，以广播日常信息、讲述生活故事为主要形式，既有能够栖居灵魂的《听得见的书店》栏目，又有能够舒缓工作疲惫和日常焦虑的《听见好时光》栏目，广播把人们带出个体的空间，与社会大众融合在一起。共时的收听者形成了彼此分享、彼此联系的情感空间，以之强化地方共同体的构成关系。

（三）家国情怀，集体记忆汇聚地方认同

20 世纪 20 年代中期，莫里斯·哈布瓦赫提出了“集体记忆”的概念。20 世纪 80 年代开始，在“集体记忆”理论的奠基下，发展了“社会记忆”“文化记忆”“记忆之场”等诸多记忆理论的延伸。社会学、人类学家哈布瓦赫受老师涂尔干“集体欢腾”理论的启发，提出了“集体记忆”的概念，首次关注记忆背后所蕴含的社会文化因素，并指出“集体记忆得以形成和延续的一个主要原因是共同的‘历史记忆’在个人和群体形成自我认同方面能够起到至关重要的作用”。[①]

地方是记忆的载体，然而全球化带来了时空压缩，经济与文化力量超

① 麻国庆 . 记忆的多层性与中华民族共同体认同［J］. 民族研究，2017（6）：47-57，124-125.

越传统的空间限制，在更大尺度上对空间和地方的建构方式进行重构。[①] 美国社会学家欧文·戈夫曼认为“情境”是一种实体空间，即“一种物理区域，在它里面的任何地方，两个或以上的个体彼此处于视觉与听觉的范围之内”[②]。在全球化的大背景下，媒体融合化发展逐渐走向内容生产的同一化和边界的模糊化，对于地方媒体尤为显著，这导致地方认同危机与视听传播的同质性危机。生产带有地方特色的视听产品，唤醒地方受众的集体记忆，是媒体生产特色化、凝聚价值认同、抵抗同质化浪潮的关键。

1. 地方之场，唤醒民族记忆

法国历史学家皮埃尔·诺拉提出了“记忆之场”的概念。这一概念由“场所”和“记忆”两部分构成，前者包括建筑、空间、场所、风景、领土等物质留存，后者包括民族、节日、庆典、仪式、音乐、语言、认同等非物质留存。诺拉指出，“记忆之场”中的“场”有实在的、象征的和功能的三种相互交融的含义。特定场域中的历史文化物质留存和非物质留存既属于实在的场，也具有象征意义，是具有塑造和传承该场域文化记忆历史与现实的流动符号系统。[③]

文化记忆理论的提出者扬·阿斯曼认为，文化记忆属于集体记忆，是某特定时代、特定社会所特有的、可以反复使用的文本系统、意象系统、仪式系统，其“教化”作用服务于稳定和传达社会的自我形象。例如，湖北广播电视台出品的纪录片《楚国八百年》荣获全国精神文明宣传“五个一工程”奖等多项大奖。从历史文化物质留存物的角度看，影片展现了具

① 朱竑，钱俊希，陈晓亮. 地方与认同：欧美人文地理学对地方的再认识［J］. 人文地理，2010，25（6）：1-6.

② 王晴锋. 情境互动论：戈夫曼社会学的理论范式［J］. 理论月刊，2019（1）：138-144.

③ 诺拉. 记忆之场：法国国民意识的文化社会史［M］. 黄艳虹，等译. 南京：南京大学出版社，2015.

有明显地理边界的楚界汉河、穿越千年文化的历史文物、承载民族精神的青铜器具，并以动画的方式还原了千年前楚地的风貌。这些物质实体作为承载楚地文化和中华精神的载体，以鲜明的湖北地方特色，共同构建起了唤起地方记忆和民族记忆的地方之场。从历史文化非物质留存物的角度看，影片以铸牢中华民族共同体意识为主线，推动观众对“中华文化”的高度认同，促进各民族在理想、信念、情感、文化上的团结统一，守望相助、手足情深。

2. 地方之情，唤醒记忆之光

刘亚秋在《记忆的微光的社会学分析——兼评阿莱达·阿斯曼的文化记忆理论》中提出，所谓“记忆的微光”，从概念层面上讲是对记忆存在状态的一个隐喻。[①] 此时，视听媒体所构建的空间不仅仅是承载集体记忆的场所。1996 年，美国学者卡西·卡鲁斯在《未认领的经历：创伤、叙事和历史》中正式提出了“创伤理论”的概念。2004 年，美国社会学家杰弗瑞·亚历山大在《文化创伤与集体认同》中，又正式提出了“文化创伤”的概念。[②] 亚历山大认为，“当个人和群体觉得他们经历了可怕的事件，在群体意识上留下难以磨灭的痕迹，成为永久的记忆，根本且无可逆转地改变了他们的未来，文化创伤就发生了”。

3. 地方之感，凝聚价值认同

除了实在的地方，公众所产生的“地方感”也是形成集体记忆的重要基础。1976 年，段义孚在“地方”概念的基础上提出了“地方感”的概

① 刘亚秋 . 记忆的微光的社会学分析：兼评阿莱达·阿斯曼的文化记忆理论［J］. 社会发展研究，2017，4（4）：1-27，237.

② 赵静蓉 . 文化创伤建构中的媒介记忆策略［J］. 江海学刊，2021（4）：227-236.

念，认为“地方感是地方本身所具有的特质及人们自身对地方的依附”。[①] 人文主义地理学对“地方感”的阐释侧重于时间的累积性和空间临近性，强调主体在地方的生活经历和空间的充分浸入中产生的“圈内人”意识，即一种“根植性地方感”，这种地方感充满了“家”的想象。[②]

一方面，“地方感”的形成并不完全依赖于现实的物理空间，随着技术的发展，沉浸式的虚拟空间为用户“地方感”的生成提供了新的可能。AIGC 创作推动用户视听体验实现了“沉浸”与“超感”。沉浸式传播最主要的特征是人与媒介的深度融合，受众能够通过“亲身参与，置身其中”的沉浸式体验，进行多向交流互动，从信息或活动中获得归属感、认同感、参与感和美感，信息实现了裂变式的网络传播。AIGC 技术与 VR、AR 技术深度融合，形成“VR+AIGC+ 互动”的传播模式，为用户带来视听等多感官交互的沉浸式体验。

另一方面，地方经验不是习得的，而是通过人们的日常实践构建的，正如媒介地理学家保罗·亚当斯所说，“人的意识——无论是政治的、历史的还是审美的——是由身体和媒介的运动及其具体性而形成的”。[③] 地方之感也形成于受众与视听媒体的互动之中。湖北广播电视台利用直播实时交互的“社交化”特征，推出“主题宣传 + 新闻故事 + 扶贫代言 + 互动直播 + 大型活动 + 电商销售”的创新模式，将受众纳入传播的实践活动，受众通过购买直播产品，了解湖北、爱上湖北，尤其是对于湖北本地的用户而言，购买农产品不仅能满足自身需求，也是在价值认同的基础上，助力本地地方发展。

在以智能互联为关键特征，融合打通产业互联、价值互联、虚实互联

① RELPH E. Place and placelessness［M］. London：Routledge Kegan and Paul，1976.

② 孙俊，潘玉君，赫维人，等 . 人文主义地理学与地理学人本传统的复兴［J］. 人文地理，2015，30（1）：1-8，39.

③ 亚当斯 . 媒介与传播地理学［M］. 袁艳，译 . 北京：中国传媒大学出版社，2020.

的智能互联网时代的背景之下，视听传播从传统的内容生产应当转向基于“内容＋场景”的“情动”生产。德勒兹把情动/情感定义为存在之力或行动之能力的连续流变。也就是说，情感不是某种固定状态，而是正在变化的过程中的。在数字时代的背景下，信息技术重新定位了地方，恋地情结在新的交互方式中产生，数字地方感的形成关乎个体在使用数字媒介时所建立的物质间的关系。①

伴随媒体深度融合而全面崛起的视听传播，深刻影响着人们的感官体验、文化感知、身份认同与精神凝聚，已然成为推动社会文化建构与转型的关键力量。② 基于此，广播电视媒体应当将受众纳入生产和传播的逻辑之中，以情景化、地方化的场景塑造，参与式、共情化的叙事表达，交互性、开放性的叙事策略，激发受众具身化、沉浸式的情感感知和互动性、参与式的情感体验。通过以地方为中心的情感叙事与参与式生产，独具特色地进行社交空间、城乡景观和家国地方的情感实践，在参与式的实践中激发受众内心深处的情感，重塑受众与地方的链接。

二、视听资源整合，国际传播共创模式助力精品“出海”③

随着媒介形态、舆论生态的变化，世界媒体格局发生深刻变化，传播

---

① 曾一果，陈爽．恋地情结：传播媒介与地方感重塑——数字时代人与地的情感生成［J］．东南学术，2023（5）：216-226，248.

② 曾祥敏，翁旭东，贾盛云．视听中国：创新文化传播的话语再造与场景重构［J］．电视研究，2022（12）：27-31.

③ 部分内容参考了邹静等人发表于《当代电视》2022年第5期的文章《地方主流媒体开展国际传播的策略分析》，和曹曦晴发表于《现代视听》2023年第8期的文章《发挥广电视听优势 打造国际传播共创模式——湖北广播电视台国际传播工作机制创新与实践》。

者与受众失去清晰边界，国内与国际、线上与线下、官方与民间的界限变得模糊，形成一个庞大的舆论场。“做好高质量的国际传播”已被提升至关系党和国家发展大局的战略高度，成为主流新闻媒体的使命，意义重大、任重道远。

广电媒体拥有丰富的内容资源和专业的制作团队，应将自身的文化特色与国际元素相结合，打造具有国际吸引力和影响力的高质量视听内容；利用自身的渠道优势，将自制内容传播到更广泛的国际市场，这不仅有助于提升广电媒体在国际舞台上的竞争力，还有利于推动跨文化交流与合作。广电媒体应当充分发挥自身在内容制作、渠道传播等方面的优势，积极打造“内容共创”“渠道共创”“品牌共创”的视听国际传播共创模式。

（一）内容共创，做精国际传播视听产品

国际传播是一种跨文化的传播，即立足于“我”的文化背景，传播本国、本民族的内容，而传播的落脚点是他国，目的是为不同文化背景的受众所接受，这正是国际传播的难点所在。讲好中国故事，做好国际传播，广电媒体肩负着重要的责任，应当主动研究行之有效的策略，借助多元主体、优质内容、丰富渠道，向世界展示真实、立体、全面的中国。

内容品质是海外传播的基石，打磨广受海外用户欢迎的精品力作，是提高海外传播力的根本。广电媒体要想赢得认可，还需要不断走出国门，依靠优质的作品内容宣传中华文化、塑造中国形象、扩大国际影响力、提升国际竞争力。跨文化传播、国际传播不能仅仅是中央级媒体的定位和要求，各级地方媒体都应自觉肩负起这一职责，在全球化时代不断提高自身的国际传播力，做好新形势下的国际传播工作。国际传播工作是系统性、长期性、战略性的工程，面对更新迭代的新技术、剧烈变化的传播业态，推进内容生产供给侧结构性改革，做精国际传播视听产品，让创意内容在

海外出圈，考验着广电媒体的国际传播能力。

1. 改变传统话语体系，引发情感共鸣

优秀的故事能够打动观众的心弦，引发情感共鸣。广电媒体在内容创作上要遵循促进文明交流互鉴的原则，突出情感与特色，才能克服文化差异性，让国际传播取得实效。在内容共创过程中，广电媒体需要关注价值内核和情感共鸣，注重故事性构建做精视听产品，以吸引更多海内外观众的关注；同时，还可以深入研究不同国家和地区的观众需求和文化特点，有针对性地开发和推广具有国际影响力的视听产品，提高传播效果和市场竞争力，促进不同国家和地区的文化交流与理解。

一是要在文明互鉴中加深了解并寻求认同。关于如何处理不同的文化关系，社会学家费孝通先生总结出“各美其美，美人之美，美美与共，天下大同”的十六字箴言。地方主流媒体开展国际传播，应当领悟其中的内涵，借助适当的载体，通过平等交流，加强相互理解与彼此认同，最终实现取长补短、文明互鉴。

例如，湖北广播电视台与 B 站联合打造的《非正式会谈》是一档涉及全球文化的谈话类节目，在每期节目中，10 位来自不同国家的常驻嘉宾和主席团成员，围绕时下年轻人关注的热点话题展开讨论。嘉宾们从各自立场出发进行对话，呈现的是不同国家的文化及风俗，在多元、包容的思想碰撞中，开拓视野、消减偏见、启发新思，给各国年轻人提供一个多维度认知世界、了解中国的场域。《非正式会谈》自 2015 年首播以来，因年轻态、国际化的鲜明风格，成为中外青年交流的一座桥梁，在马来西亚、韩国、尼日利亚等国收获大批粉丝，海外多所孔子学院将它作为中文教学素材。《非正式会谈》是湖北广播电视台持续输出并解析中国主流价值观、展示当代中国风貌的窗口，它的实操效果表明，地方主流媒体若能基于文明互鉴开展国际传播，可以避免陷入自说自话的尴尬境地，实现互通有无、

共谋发展、共同精彩的多赢局面。

二是要以人类命运共同体理念激发共情。传播学中有一个提法是“共同经验范围”，即传播者和传播对象之间只有具有共同或相似的语言、经历、感兴趣的问题等，传播才能顺利进行。国际传播的共同经验范围是人类共通的情感，还可以具体细化为以人类命运共同体为核心价值理念的情感。2017 年 3 月，构建人类命运共同体的理念首次载入联合国人权理事会决议，得到广泛的国际认同。地方主流媒体要从情感角度打开国际传播的突破口，必须在人类命运共同体的价值体系中找寻传播共通点。

在国际传播中，有共情意识的传播者所发掘的传播内容，往往具有抵达传播对象内心深处的力量。基于共情意识开展的国际传播，是在人类命运共同体框架下温情的雪中送炭，让传播对象在潜移默化中感受中国的善意，进而接受中国的主张。广电媒体规划国际传播项目，应当从共情角度去思考什么是传播对象真正的需求，以及传播什么才能唤起国外受众的价值认同。

虽然因为文化差异性的存在，中外对很多议题持有不同立场，但有些议题，尤其是关乎人类命运共同体建设的议题，是容易达成共识的。2021 年夏天，原本栖息在云南西双版纳的一群野生亚洲象踏上北迁之旅。国内媒体实时报道野象群的动向，并在海外社交平台持续推送相关短视频，触达海外受众。“野象旅行团”很快吸引了 CNN、BBC、美联社等西方主流媒体的关注，他们跟进记录云南当地政府和民众充满爱心的保护动物的行为，如实呈现维护生物多样性、追求人与自然和谐的中国形象。云南野生亚洲象北迁报道之所以能够取得良好的国际传播效果，是因为尊重动物、保护环境是人类社会已经达成的共识，这类符合共同认知、共同追求的议题。对此，中外之间可以做到互相肯定与勉励。广电媒体开展国际传播时，选择人类面临的共同问题，如消除贫困、环境保护、生态文明建设等，可以用亲切、可信的实例，反映中国取得的经验与成果，将更易引发国外受众的由衷肯定，以此实现关于中国的好感传播。

故事是一种全球普遍认可的“交流语言”，以人为媒，用个体的鲜活故事进行传播，更能唤醒共通的人性，引发情理共鸣。2021 年，在中国共产党成立 100 周年、中国全面建成小康社会之际，福建省广播影视集团联合中国外文局推出了小康题材纪录片《柴米油盐之上》。该片把镜头对准中国社会的平凡人物，讲述普通人凭借个人奋斗改变命运、为中国注入蓬勃生机和活力的故事。个体经历投射出的是国家与时代的印记，中国社会经济的发展及进步也蕴含其中，并得到了自然呈现。来自不同文化背景的观众能够随着主人公的人生起伏与情绪变化获得共鸣，从而感同身受中国共产党和中国政府对全面建成小康社会庄严承诺的践行。地方主流媒体应该借鉴这种视角开展国际传播，尽量避免宏大叙事，抓住人性中的共通之处，用中国普通百姓的日常故事唤起国外受众的心灵认同，在共鸣中让更广泛的人群了解并支持中国。

2. 深入挖掘本土文化，助力文化出海

信息洪流扑面而来，传播方式日趋多元，鲜明的辨识度成为所有内容生产者共同的追求。广电媒体要在国际传播中被识别并被记住，必须提升传播内容的特色。实现特色化可从中国符号与城市载体两方面着力。

一是以中国符号弘扬优秀传统文化。有关报告显示，外国民众对中国文化的接触意愿整体较高，熊猫、绿茶等与中国自然资源、生活方式相关的文化符号认知度最高。连续几年的《中国国家形象全球调查报告》显示，在海外受访者眼中，中餐、中医药和武术是最能代表中国文化的三大元素，且享有较高的海外美誉度。B 站 UP 主“碰碰彭碰彭”在法国街头身着汉服弹奏古筝，中国古典音乐的魅力吸引了大批粉丝；峨眉派武术学习者凌云，借助短视频让中国功夫火遍全球。无论是学术研究的调查结果，还是

具体个案的传播实效，都说明中华传统文化的精粹能迸发出强大的吸引力，以中国文化为标签，更易引起国外受众的兴趣。

广电媒体开展国际传播，若能结合地缘优势和区域特色，深挖本土文化蕴含的中国内涵，应该可以取得成效。如河南卫视近年来打造的《唐宫夜宴》《端午奇妙游》《中秋奇妙游》等一系列国风浓郁的文化产品，借助现代新兴技术的创新表达，使中国传统节日出圈，收获了国内外众多网友的喜爱。地方主流媒体要善于向内挖潜，从博大精深的中华传统文化中获取源源不竭的灵感。再比如，湖北广播电视台打造了一批以视听产品为主、面向海外传播的融媒体工作室。谭海燕工作室立足人文领域，采取“纪录片 + 短视频”双线并行模式，精品生产不断。端午节特别纪录片《端午·龙舟》更是聚焦中国传统节日端午节，以双语短视频的形式在新华社、光明网、环球网、中青网、央视网等权威媒体，以及 Facebook 等国际媒体上大量转发，海外网络覆盖率超过 2000 万，向国际社会展现了中华传统文化的独特魅力。

二是以城市为载体打造当代名片。2021 年，在中国共产党建党百年之际，重庆国际传播中心推出了多语种短视频《百年巨变——山水重庆 中国桥都》，展现重庆的桥梁建设成果。该视频先后被海外 60 多个国家主流媒体转发，海外总阅读量超过 2.33 亿，重庆因此有了“中国桥都”的国际名片。成都市广播电视台起步更早，在 2015 年就与香港卫视合办整体落地海外的电视栏目《西望成都》（现已升级为 Chengdu Plus），用双语形式对外传播成都的经济发展、历史文化与人文情怀，目前已登陆多个海外播出平台，覆盖全球五大洲近 150 个国家和地区，收视人数逾 10 亿，助力成都稳步走入国际视野。重庆、成都的成功经验说明，广电媒体应该充分挖掘所在城市的传播潜力，对城市进行精准画像，提炼城市特质，讲好城市故事，为城市打造具有当代气息的特色名片，用城市的良好形象为塑造中国的国际形象助力。

3. 优化顶层设计，讲好地方特色好故事

地方主流媒体应当从顶层设计入手，依据自身发展情况，建立国际传播机制，生产适合国际传播的好故事，为塑造可信、可爱、可敬的中国形象发挥重要作用。以湖北为例，2023 年湖北广播电视台国际传播中心（HICC）重磅挂牌，其作为湖北广播电视台全媒体传播体系的重要版图，联动湖北省相关政府部门、企事业单位和 17 个市州的国际传播资源，以主品牌“Open Hubei”为支点，以拥有 1400 万用户的政务新媒体“湖北发布”和全新出海的境外新媒体矩阵“Open Hubei”两大国内外传播场域为双轮驱动，以精品视听生产、海外账号运营、活动策划执行、海外营销推广四条产品线为主轴，做大湖北国际传播矩阵、做精国际传播视听产品、做强国际传播联盟、做响国际传播品牌活动、做优国际传播服务平台，构建湖北特色国际传播体系，做好新时代新湖北国际传播工程。①

湖北国际传播中心挂牌成立后，湖北广播电视台以“新时代新湖北”国际传播工程为抓手，联动湖北丰富的外宣资源。在 2023 年“中国共产党的故事”湖北专题宣介活动中，推出了以国际传播视角创作的《老人和江豚》《瞧瞧湖北的“桥”实力》《双城记》等作品，向世界展现了湖北的独特魅力，成功打开了湖北对外传播的“出海口”；还有在 2023 年全国两会期间特别策划的《驻华大使看“一带一路”》《丝路青年说》《江与海的对话：再访“一带一路”湖北人》等融媒体作品，在记者与“一带一路”共建国家的驻华大使对话中，向世界展现“一带一路”倡议十周年的发展历程。

总而言之，在媒体融合不断深入、广电媒体不断转型升级的当下，从更加细微的角度切入，改变传统话语体系，提高国际传播力和国际竞争力，

① 长江云 . HICC 来了！湖北广播电视台国际传播中心重磅挂牌［EB/OL］.（2023-05-20）［2024-11-20］. https://news.hbtv.com.cn/p/2417859.html.

宣传好、阐释好习近平新时代中国特色社会主义思想，是广播电视媒体的职责所在；挖掘当地文化资源、文化特色，聚焦本土文化的独特魅力，助力中华文化走出国门、走向世界，也是广电媒体的价值体现；创新国际传播机制，优化顶层设计，充分发挥全媒体资源整合能力，充分激发全媒体人才的创造力，是广电媒体的优势所在。

（二）渠道共创，做强国际传播多级联盟

内容为王，渠道制胜，传播渠道关系着广电媒体意图传播的内容能否畅通抵达国外舆论场并产生一定的影响力。为争取更广阔的话语空间，广电媒体需要跨地域和跨国界的交流、学习、借鉴和合作，让渠道建设层面更丰富、平台更宽广、表达更精准，在横向、纵向、深度、广度等维度全方位深化合作交流，从“造船出海”“合力出海”“借船出海”等途径，携手打造互惠互利的多级联盟，为国际传播争取更为广阔的话语空间。

1. 组建国际传播共创联盟，“造船出海”

一是建立自主可控的海外传播平台。从传播效果的角度分析，缺乏自有平台意味着没有真正的渠道和阵地，难以形成稳定的受众群体。地方主流媒体若具备资金、人员等方面的实力，搭建海外传播平台无疑是把握国际传播主导权的良策。2018 年，重庆日报报业集团在重庆市委宣传部、重庆市政府新闻办的指导下，成立了全国首家省级专业海外传播机构——重庆国际传播中心，打造了官方海外传播平台 iChongqing 网站。iChongqing 网站联合谷歌搜索引擎和海外媒体分发渠道，构建了国际传播矩阵，用外国人看得懂、喜欢看的方式推介重庆，成为海外用户了解重庆的重要窗口，取得了不俗的传播效果。重庆的实践说明，扶持地方主流媒体建设自有海外传播平台，有助于突破国际传播的渠道困境。

二是设立国际传播联席机制。湖北广播电视台依托台编委会建立“国际传播联席机制”，由国际传播中心制定产品标准，各频道根据各自的特色定位提供视听内容，如垄上频道的二十四节气系列、湖北经视的楚菜系列等，再由国际传播中心做国际化改造，并在“OpenHubei”海外主账号和垂类账号上发布。

三是培育人文交流的品牌活动。人文交流是中外民众加深了解、增进信任的重要途径，很多地方媒体都将其作为实施国际传播的鲜活载体。2016 年以来，湖北广播电视台连续参与在马来西亚、新加坡、俄罗斯、波兰、埃及等国举办的“湖北传媒周”活动，向海外集中展示、输出湖北广播电视台的精品节目。如湖北卫视制作的《汉字解密》已在非洲 30 多个国家播出，还在智利、阿根廷、秘鲁等国家和地方电视台播放，成为当地大学、孔子学院、文化教育社团教材，开启了湖北广播电视台“走出去”的新篇章。这类人文交流更具温度，更易产生传播实效，地方主流媒体都可以积极参与、主动策划，借此提升在国际传播中的美誉度及影响力。

四是组建国际传播共创联盟。地方主流媒体可以与省内媒体形成“一带多”的生产共创联盟，同时可以加强与其他省份国际传播中心的交流合作，联合策划、共同宣发。湖北广播电视台牵头建立以湖北国际传播中心为龙头，以武汉、宜昌、襄阳、十堰、鄂州等地国际传播机构为支点，省市联动、相互呼应的国际传播联盟。深度整合湖北省相关政府部门、企事业单位和 17 个市州的国际传播资源和国际传播内容，扩大湖北各级优质视听内容的传播场域。2023 年第 50 个世界环境日，湖北国际传播中心联合济南国际传播中心等 10 家媒体共同推出“美丽中国连连看”联动报道，通过各媒体海外账号平台，向世界展示美丽中国建设的生动场景，讲述中国生态环境保护故事。

2023 中国新媒体大会上，在中国记协新媒体专业委员会的组织下，全国 21 家国际传播机构代表联合发布了新时代国际传播《马栏山倡议》。与会中央和地方媒体代表共同向新时代国际传播工作者们发出呼吁：全国“国传人”应秉持中国立场，展现国际视野；讲好中国故事，传播中国声音；发挥融媒体优势，助力破圈出海；弘扬中华文明，促进文明互鉴。

2. 构建国际传播通联体系，“合力出海”

在国际关系格局发生深刻变化的当下，开展行之有效的国际传播绝非媒体一己之力便可达成。学者程曼丽在探讨如何进入国际传播主阵地的文章中归纳出两条经验：首先是政府助推，其次是专业化运作。各级党委（党组）要把加强国际传播能力建设纳入党委（党组）意识形态工作责任制，加强组织领导，加大财政投入，帮助推动实际工作、解决具体困难。地方媒体应依据这一指示，向所在地政府大力争取政策、资金扶持，积极寻求同外事、文化、旅游等部门的联动协作，整合各方优势力量和丰富资源，在对外宣传中，释放出“1+1>2”的传播效应。

在专业化运作方面，既要有统筹国际传播事务的专门机构，又要有适应新时代国际传播需要的专业人才。在国际传播较为出色的成都、重庆等地的地方主流媒体中，均设有机制健全的国际传播中心。成都国际传播中心由成都传媒集团与清华大学国家形象传播研究中心共建，清华大学负责联络国内外专家组建专家团队，提供专业指导和建议。重庆国际传播中心的团队成员中，90% 具有海外学习或工作经历，其中还包括 4 名具备全媒体综合业务能力的外籍人员。湖北国际传播中心与新华社、人民日报社、CGTN、ChinaDaily 等央媒建立协同联动的日常通联机制，与外交部、中联部、商务部、国台办等国家部委以及我国驻外使领馆等机构的海外账号密切联动。

3. 建立跨境跨界合作圈层，“借船出海”

学者程曼丽指出，需要建立一种对外传播体系的补充机制，即借助可以真正“落地入户”的媒体间接发力，以改变传而不通、通而无效的“错位”状态，达到理想的传播效果。

一是借力海外华文媒体。海外华文媒体是中国内地及香港、台湾、澳门以外，以汉字为传播方式的大众传播媒介，包括报纸、杂志、网络媒体、广播、电视及各种新兴媒体。一方面，华文媒体植根当地社会，对所在国国情、民风及受众喜好了解深入，且多以民间身份出现，不带官方色彩，易使人产生亲近感。另一方面，华文媒体本土资源丰富，又乐于传播中国信息和中华文化，部分华文媒体为了更好地服务不懂中文的华裔后代与当地主流社会人士，还专门增设所在国语言进行内容输出。地方主流媒体若能与华文媒体携手，将有助于提高国际传播的覆盖面和针对性。如上海外语频道通过与坐落在纽约的北美最大、最有影响力的美国中文电视网合作，确保其自制节目在纽约地区每天播出 4 小时，目前已形成稳定的区域受众群体。

二是海外主流媒体。随着“一带一路”、金砖国家、上合组织等合作机制的不断深化，中国的“朋友圈”日益扩大，全球民众了解中国的需求愈加强烈。为了赢得受众，海外主流媒体同中国媒体接触的意愿逐渐增强。地方主流媒体可抓住时机，主动加强沟通、落实合作，借力海外主流媒体成熟的传播网络，实现传播内容的“落地入户”。湖北广播电视台与联合国全球传播部签署合作协议，成为中部地区唯一合作媒体，并与美联社、路透社等西方主流媒体、美国中文电视台等海外华文媒体以及各国驻华使领馆账号都建立了常态化合作机制。例如，湖北广播电视台《长江新闻号》栏目推出的“爱上湖北的外国人”系列报道，并借助中央广播电视总台国际视频通讯社“新闻场”项目翻译成英语、阿拉伯语、西班牙语 3 个语种，由美联社、路透社等多个渠道对外发布。其中，《美国人杰克在武当山成为中国武术大师》被 8 个国家和地区的 28 家电视媒体采用并播出 51 次，其中包括美国哥伦比亚广播公司等海外主流媒体，在重点舆论场产生了良好的传播实效。

三是海外社交媒体。近年来，社交媒体蓬勃发展，以 Facebook、YouTube、X、TikTok 等为代表的海外社交媒体逐渐成为开展国际传播的重要渠道之一。部分地方主流媒体委托具有相应资质的运营机构在海外社交媒体开设账号，进行重点节目的宣推，一些已经取得了良好的传播效果。如浙江卫视结合品牌栏目，在 YouTube 上设立音乐、《王牌对王牌》、《奔跑吧》、纪录片四大垂类频道与《奔跑吧》越南语频道，辐射海外 200 多个国家和地区。利用海外社交媒体开展国际传播，更易于受众参与互动，也更便于衡量传播内容的实质效果，进而有针对性地调整传播议题及传播形式等，地方主流媒体在下一步推进国际传播时，可将其作为深耕领域。

（三）品牌共创，做好国际传播服务平台

在百年未有之大变局的当下，国际传播大环境尤为复杂，媒体融合的持续深化使得媒介形态、传播格局发生了颠覆性变化。在互联网空间，非官方的民间话语体系，借助丰富多彩的内容、喜闻乐见的形式与网络平台的社交延展性，为广电媒体提供了国际传播的一种可行性路径。

国际传播不但是国际社会共同参与的传播，也是不同国家之间跨文化的传播。要突破不同文化之间的壁垒，一是要了解受众所在国家的文化禁忌、民族传统与心理，以视听内容等更为直观的表现形式跨越文化障碍；二是要转换“他者”视角，借助“洋网红”非官方身份与网络影响力，潜移默化地让中华文化被国外受众接受，推进好感传播；三是要“心”向受众，从受众真实的生活需求出发，增强平台的服务意识，增强用户黏性。通过这些途径，最终打造形成若干个成熟的、能获得国外网友认可的品牌 IP，在社会层面协调汇聚各方力量，扩大朋友圈，让各方力量发挥各自领域的特色和专长，共同唱响国际传播“大合唱”，向世界展示真实、立体、

全面的中国。

1. 构建复调共振宣介格局，主流发声

国际传播事关国家形象与利益，应当有针对性地进行谋划，用“全国一盘棋”的传播思维，广泛宣介中国主张、中国智慧、中国方案。从全国总体布局来看，具有喉舌职能的地方主流媒体应能够有效补足中央主要媒体对地方外宣需求难以全面、深入兼顾的短板。地方主流媒体应结合自身优势，以更加开阔的国际视野，塑造中国形象，明确自身职责，敢于发声亮剑，打好“舆论阻击战”。

以湖北广播电视台为例，近年来湖北广播电视台在国际传播领域不断发力，力图推进视听内容生产、海外账号运营、活动策划执行、海外营销推广等主要业务发展，通过做大传播矩阵、做精视听产品、做强传播联盟、做响品牌活动、做优服务平台，努力构建具有湖北特色的国际传播体系。湖北广播电视台还利用湖北教育资源丰富的优势，与武汉大学、华中科技大学等科研院所合作，建立湖北省国际传播智库，充分发挥新型智库的担当与作用，推动国际传播学术研究与实践的有效衔接，为讲好湖北故事、传播中国声音提供政策咨询服务。

2. 建立国际传播者资源库，借嘴发声

在国际舆论场，中国主流媒体的自我陈述时常会被质疑甚至歪曲，难以达到传播预期。邀请国外人士，结合他们亲身的所见所感，以“借嘴发声”的方式，向世界解释中国，成为各级主流媒体开展国际传播的共识。

2021 年 12 月，新华社推出英文纪录片《真实中国：民主自由人权探索之旅》，记录了记者和三位美国专家，带着“什么是人民民主”“中国有信仰自由吗”“中国人过得好吗”等疑问出发，用 45 天时间跨越大半个中国探索考察中国民主实践的见闻。该片由外籍专家的所见所感，借助有代

表性的人物故事，给予世界深入解答。这部纪录片迎合了海内外期待了解当今中国的刚性需求，“借嘴发声”的方式增强了内容的信服力。该片在欧洲多国电视台全片播放，在海外社交媒体平台播发后，总浏览量过亿。

2021年，《长江新闻号》又相继推出专访外国官员的系列报道《驻华大使看英雄的湖北》、由普通外国民众用Vlog自拍形式呈现的系列报道《爱上湖北的外国人》。两个系列报道经央视海外中心传播，网络累计播放量超7000万，可见“借嘴说话”更具可信度与感染力。在湖北广播电视台举办的《世界因你而来》活动中，一些外籍友好人士和外籍网红真情实感地讲述在湖北的所见所闻所感，成为“高质量传播者”，起到了宣介湖北的作用。此外，湖北广播电视台还积极吸纳在鄂外籍人士，为他们提供本土的政务商务服务，包括制定带有优惠性质和任务性质的旅游路线，通过打卡任务促使他们通过私域传播提高湖北、武汉的美誉度。

3. 打造国际传播地方品牌，民间发声

“借嘴说话”偏向于打造在舆论战中主动出击的“关键性意见领袖”，而国际传播中还有一支作用不容小觑的民间力量。在传播主体层面，要鼓励民间力量扮演更加重要的角色，进一步推动国际传播多元主体的形成。湖北广播电视台以湖北籍留学生和海外华人华侨群体为基础，遴选培育了一批“湖北全球推荐官”，实施“湖北品牌出海计划”。围绕湖北的美食美景或者风土人情等内容，湖北广播电视台联合海外友华KOL账号发布个性化短视频，为湖北的文化、旅游、商贸等提供精准的国际传播服务。

2021年1月25日，吉尼斯世界纪录官方微博发文宣布，中国短视频博主李子柒以1410万的YouTube订阅量刷新该视频网站“中文频道最多订阅量”纪录，其视频里充满诗意的田园生活和博大精深的传统民俗吸引了来自世界各地的粉丝，成功助力中华文化走出国门。在腾讯政务舆情部发表的一篇文章中，列出了2020年活跃于YouTube平台、以中国为主题的

“网红”群体传播力排行榜，“网红”李子柒、滇西小哥分列一二位，阿木爷爷、美食作家王刚等其他中国籍“网红”也保持了良好的传播态势。这些例证表明，“网红”传播的内容已被视为展示中国最直观的窗口之一，并作为第一手资料得到海外受众的信任。地方媒体建设国际传播矩阵，向影响力突出的民间达人借力是可取之策，要充分利用他们“民间文化使者”身份带来的较高认可度，引导民间力量积极主动地展示美丽中国。

总体而言，受国际政治等因素影响，我国国际传播面临着复杂和严峻的局面，不断加强国际传播能力建设，支持媒体走出去，取得了不少重要成果，各家媒体在国际传播赛道的竞争也愈演愈烈。在媒体融合的背景下，广电媒体既面临着难得的发展机遇，也面临着严峻的挑战考验。地方主流媒体需要认清自身的优劣势，从主体、内容、渠道等方面重新规划与布局，尽快建成多主体、多渠道、多平台共同发力的国际传播矩阵，以“日拱一卒，功不唐捐”的勇气和定力，立足国家站位、全球视野，坚持守正创新、追求卓越，打造国际传播共创模式，深化全球交流合作，为我国国际传播事业的提质升级做出应有的贡献。

第五章

发展新格局：不断优化技术基础建设与视听产业发展格局

近年来，新一代信息技术蓬勃发展，网络互联技术的移动化和泛在化、信息处理的集中化和大数据化、信息服务的智能化和个性化正在加速形成，新兴媒体深刻改变着媒体格局和舆论生态，直接挑战和冲击传统媒体。《2023 中国网络视听发展研究报告》显示，截至 2022 年 12 月，我国网络视听用户规模达 10.40 亿，超过即时通信（10.38 亿），成为第一大互联网用户。2022 年泛网络视听产业的市场规模为 7274.4 亿元，较 2021 年增长 4.4%。其中，短视频领域市场规模为 2928.3 亿，占比为 40.3%，是产业增量的主要来源；其次是网络直播领域，市场规模为 1249.6 亿，占比 17.2%，成为拉动网络视听行业市场规模的重要力量。在应用端，数字视听产业已经迎来了庞大的用户量和市场规模基础，数据和技术正在成为网络视听行业的核心驱动。

媒体融合是科技创新的重要试验场之一，党中央深刻把握时代发展大势和媒体发展规律，作出了一系列关于推动传统媒体和新兴媒体融合发展的重大决策，为广电媒体融合发展向纵深方向推进，为科技创新推动视听产业全面转型升级提供了强大的思想武器和根本遵循。

当前，广电技术和数字信息化技术持续迭代发展，以高新视频（互动视频、沉浸式视频、XR 视频）、虚拟数字人、大语言模型、AI 内容生成等技术应用为代表的新质生产力，加快媒介技术格局的演进，媒体行业正经历新质生产力的发展。以技术为驱动的新质生产力作用下，传统视听向数字视听更新迭代过程中显现出明确的“共创”特征：从生产主体和机制方面来看，移动视频行业的生产机制从原先的 UGC 模式逐渐进化为 UGC、PGC、PUGC 等多元模式并存的共创模式；从生产语境方面来看，数字技术推动着视听业态的复合升级，AI、AR、VR 等促进视听使用体验升级优化的新技术出现，视听消费虚实融合，实现了跨载体的呈现、跨时空的交互。网络时代的用户需求更加多样，分众化成为符合市场规律的发展方向，“精准”算力带来了更精准的定位，越来越多的网络视听平台采用主流价值优化算法推荐机制，将精准推送和有效供给结合，有效提升了优质内容的精准传播，视听服务的精准化步伐正在全面提速。

全媒体时代，要对信息化和发展机遇敏锐把握，要引领中国的媒体融合走上快车道。基于数字技术发展的变革正全方位重塑着视听产业的发展格局，通过数字化、智能化的赋能，数字视听成为视听产业的“新基建”，深刻影响着视听内容的生产实践和创新。本章将对视听内容生产的技术基础建设与产业发展格局两个方面进行展开分析。

一、以技术为底座，通信与智能技术助力视听“云基建”

视听新媒体融合传播是数字化、数据化时代背景下广电视听媒体正在经历的一场深度变革，以5G为代表的新基建已成为国家经济发展新格局中的基础力量。在5G技术的加持下，智能视听突破了传统视听媒体单一的“媒体”局限，网络视听的高质量发展离不开智慧网络的有力支撑。如果说新内容是新时代下视听传播的动力源泉，那么新技术就是视听传播不断升级的坚实底座，新技术和新内容的融合共创必将取得“1+1>2”的视听产业转型效果。智能时代，人工智能技术与物联网、大数据、云计算等有机融合，打开立体化传播新格局是当下主流媒体走向深度纵深融合的必经之路，也是视听行业新业态转型的重要路径之一。以技术变革带动理念革新，才能让广播电视媒体在无处不在、无所不及的万物互联时代打开发展新格局。

（一）5G、4K 技术助力基础设施互联互通

短视频、直播、网络电视节目等构成了数字视听产业的内容生态，但随着内容升级和技术变革，原有的传统内容格局正在被打破，产业格局不断演变，随着 5G、AI、VR 等技术的落地，数字视听产业高质量发展并迎来了“万物互联”的云时代。中国国家互联网信息办公室发布的《数字中国发展报告（2022 年）》显示，截至 2022 年底，我国累计建成开通 5G 基站 231.2 万个，5G 用户达 5.61 亿户，全球占比均超过 60%，移动物联网终端用户数达到 18.45 亿户。相较而言，4G 技术实现了多个平台的无线互联与即时传输，5G 技术则进一步提供了无处不在、无所不及的连接，实现了一种万物互联的媒介景观。

5G 基础设施技术作为新一代的移动通信技术，具有高速率、低延迟和大容量的技术特性[①]，是视频时代大规模、高质量传播的技术基础，为视频直播、重大赛事等视听内容的生产提供了支撑，同时其高速率、低延迟的特性赋能了内容的实时多媒体回传机制和高精准分发机制的实现等。5G 技术相比于 4G 技术的效力提升，打破了传统意义上媒体的边界，改变了信息传播原本的机制，让“全程媒体、全息媒体、全员媒体、全效媒体”的“四全媒体”传播现象大量涌现，其不仅是一种新兴信息技术，更在媒体传播的各个方面影响着媒体融合的广度和深度。

首先，5G 网络提供了更高的带宽和低延迟的特性，具备更高的峰值数据传输速率，能够以极快的速度传输大规模的音视频内容。这对于视听产业的云互联非常重要，因为它需要传输和处理大量的高清视频、音频和多媒体内容。5G 的高速数据传输能力使得用户能够更快地享受高质量的流媒

① 苏涛，彭兰 . 热点与趋势：技术逻辑导向下的媒介生态变革——2019 年新媒体研究述评［J］. 国际新闻界，2020，42（1）：43-63.

体娱乐内容，如高清视频、直播、虚拟现实和增强现实等，因此，5G的出现也让视频成为内容传播的主要形态，网络传播朝着“视频化”发展。5G的影响力进一步使直播成为常态化的信息组织模式和传播手段，“5G + 直播”作为各级融媒体的“标配”，越来越多地出现在各种宣传报道中。

以湖北广播电视台为例，其率先在全国进行了广电5G的融合传播新场景应用。同时在媒体融合纵深推进时期，湖北广播电视台通过长江云平台开拓了异地云直播等新兴内容，全台实现异地远程云采集、云制作和云直播的常态化，实现了40多档节目的网络化送播。

其次，5G网络具有低延迟通信的特点，可以提供快速和实时的交互体验。在视听产业云互联中，低延迟是实现高质量实时流音视频传输和互动的关键。例如，在实时远程协作、远程教育和远程会议等场景中，5G能够提供更流畅、更具响应性的用户体验。低延迟这一特性在“四全媒体”方面有所体现，媒体机构可以通过5G网络进行全程直播，同步跟进、记录和播报新闻生产的全过程。同时，与大数据、虚拟现实、全息影像等新媒体技术综合应用，为用户带来多角度、立体化、沉浸式的全息观看体验。

值得一提的是，在全员媒体方面，5G网络的低延迟和高效率保障了“多向互动”的互联互通模式，用户可以实时观看并参与媒体内容的生产。在5G网络的支持下，无人机、智能摄像头等多样化智能设备得以应用到内容生产中，使用户参与的难度大大降低，信息生产和传播的参与者不再局限于新闻专业工作者。在全效媒体方面，在5G网络的支持下，媒体机构业务流程升级改造并积极探索创新服务模式，信息传播效率得到了较大程度的提高。受设备和传输速率、卫星传送费用等制约，传统视听内容的远程采编便捷度不高，依靠5G网络的超高带宽和强大的传输处理能力，视频内容的处理可以放在性能更强的“云端”，从而突破终端地域的限制和处理能力的不足，进而更快实现远程协作和精准分发。

例如，2022年全国两会期间，湖北广播电视台与多家省级媒体跨省多平台“云”联动，打破了区域壁垒和平台局限，聚力打造融媒体“云平台”，推出7大联动策划、38个产品，全网点击量突破2.3亿，其中跨区域联动作品《11省市代表委员共“话”长江大保护》《“小虎队”两会奇遇记》等，掀起了强大的传播声量。

最后，5G网络支持大规模设备连接，可以同时连接大量的传感器、设备和终端，其网络能力和传输效率将会使视听传播的覆盖场景、传播设备、传播形式和内容发生颠覆性的变化。5G的超级连接力使越来越多的物体成为传播链条中的媒介载体，互联网成为所有物的基本属性，任何能够联网的设备都有可能成为接收视听内容的终端，无人机、直播车、采访背包、手机等可以协同工作、同步传播。无人机是视听内容生产中最典型的传感器，但现阶段因网络传输限制而应用范围较窄，5G技术的出现有效减少了因信号无覆盖导致无人机数据或视频回传丢失的现象。

5G与物联网的结合使智能终端之间能够高速、稳定地连接，这些智能终端因交互将产生海量数据，可能改善现阶段新闻生产中数据收集困难和片面的问题。[①]同时，结合人工智能、机器学习和智能终端，可以高效分析和处理海量数据并迅速回传，使新闻生产更加全面、精准。例如，在2018年平昌冬奥会上就出现了通过在运动员身上安装传感器、配备5G通信模块以及高清摄像头，来收集运动员视角的画面直播的创新尝试。5G推进了媒体融合在内容生产、传播分发、终端载体等环节的效能升级，有助于促进全媒体传播体系形成多元联动和全媒体传播格局。

2020年3月，国家发布了《关于组织实施2020年新型基础设施建设工程（宽带网络和5G领域）的通知》，提出建设5G+4K/8K超高清直播系统设施，完善5G超高清业务传输网络等基础设施体系，开展便携式5G+4K/8K直播编码的总体方案设计，促进5G超高清设备规模商用。4K

① 韩春苗．5G时代与媒体融合［J］．新闻战线，2017（21）：83-86.

是指 3840×2160 超高清分辨率，标准化的 4K（3840 水平像素），能够达到高清分辨率的 4 倍，再配合鲜艳的色彩、超真实的音效，能给观众带来极大的观影享受。简单来说，4K 技术是一种高清分辨率技术，可以提供更加清晰、细腻的图像效果，对于视听产业而言，高清的图像和视频质量是至关重要的，能够提升用户的观看体验。

采用 4K 技术的高清显示设备和摄像设备能够呈现细腻且逼真的图像和视频，使用户能够更好地欣赏影视作品、游戏和其他娱乐内容。同时，随着视频流媒体服务的普及，用户对高分辨率实时视频体验的需求不断增加，4K 技术可以支持高质量的实时多媒体传输。4K 技术能够提供更高质量的实时视频传输，让用户在云端通过流媒体平台观看 4K 分辨率的电影、电视剧和直播内容。

为了适应 4K 超高清融媒体节目制播的新需求，湖北广播电视台建设了 24 讯道“4K+5G 融媒体转播平台”。该融媒生产平台包括 24 讯道转播系统、5G 双向 IP 传输系统、全媒体制作分发系统、超高清慢动作制作、广播级 AR 增强现实、VR 虚拟现实特效制作系统，是一个符合国际 A 级标准全 IP 构架的旗舰级融媒转播生产平台。该平台在面对因 4K、HDR、VR、AR 广泛应用而带来大量数据存储和管理的挑战，提供了很好的解决方案。除了提高制作效率、提升多讯道扩展能力和外部双向交换信息等 IP 架构优势，伴随着 5G 技术的成熟应用，IP 化能够带来超大带宽的应用革新，让系统更好地与多样化互联网云平台结合，从而促进整个广电行业和互联网新技术的进一步融合，展开节目转播和制作新形态的无限想象力。

传统的电视节目生产方式为转播系统的 PGM 信号通过卫星和有线网络将电视节目传回总控播出，这种方式通常只针对大屏，受众比较少。而信息化产业时代背景下，人们可通过多个媒介获取相关信息，电视等传统媒体的影响力较低，尤其新媒体的出现，社会群众可从网上获取最新的新闻资讯，这种获取方式打破了传统时间和空间的限制，使人们可通过网络平台在线互动交流，电视节目的发展由此承受着巨大的冲击，因此对节目生产方式进行创新是确保行业可持续发展的先决条件。

针对节目生产方式日新月异发展变化的趋势，“4K+5G 融媒体转播平台”在传输技术上开拓创新，在生产平台上嵌入了一套 5G 高速互联网系统，通过高带宽、低时延、大容量的 5G 网络，让生产平台随时随地将系统信号推送到各大网络媒体平台进行网络直播，也可以将网络平台上热点话题、新闻事件即时无缝接入制作系统与节目进行互动，给观众带来沉浸式的视觉享受，有效拉近了科技与人的距离，拉近了观众与现场的距离。

4K+5G 融媒体转播平台还具备全 IP 云媒体数据共享能力。在台内日常节目的制作过程中，可通过主备 2 根光纤连接云媒资数据共享中心，实时传输系统内的节目信号，供后期制作人员生产编辑或收录。在台外，可通过 5G 互联网将多路信号实时生成代理素材并传给台内编辑工作站点，进行代理编辑送审，后续通过套入原素材的方式直接生成节目成品上载播出，让节目后期制作更加高效，大幅缩减节目成品的交付时间。在新基地的建设当中，平台充分利用了 IP 化带来的数据共享能力，将系统生产的内容通过转播机房送往 IDC 机房，对数据进行共享。长江云、后期机房、演播室等均可从 IDC 直接获取需要的素材，免去了中间硬盘上下载、人员沟通等大量烦琐的工作。

2023 年 4 月 2 日，武汉青山半程马拉松在青山区开跑，在本次直播中，融媒体生产平台负责起点与现场演播室的画面呈现。在 4K 技术的加持下，画面具有更高的动态范围与更广的色域，能够真实呈现现场的明暗对比与丰富的色彩，让观众体验沉浸式的参与感；使用了 6 个 5G 无线背包和 2 台无人机，完成整个比赛中的精彩细节与宏大场面的呈现。6 名摄像员携带 5G 背包搭乘摩托车全程跟踪展现跑手的风采并沿途采访，丰富了直播内容。无人机负责展现整个跑道与人流的场面，同时利用独特的视角，展现了青山全貌。

此次直播还创新采用了云拆条工具分发到长江云、经视视频号、抖音等多家互联网短视频平台与网友实时互动，打破了过去只能等到赛事直播结束后上传云端回看的线性直播方式，观众可以根据自己的兴趣点击赛事精彩片段进行观看分享，沉浸式参与赛事活动的互动。

总体而言，5G 和 4K 技术在视听产业基础设施实现云互联方面提供了关键的助力。5G 技术的高速数据传输、低延迟通信能力和大规模终端连接为云端音视频内容的传输和交互提供了强大支持。4K 技术的高清图像和视频显示能力以及实时多媒体传输能力能够提供更高质量的视听体验。这些技术的结合将进一步推动视听产业的云互联发展，提升用户体验、扩大内容传播范围，视听传播的设备种类及形态将实现极大拓展。

（二）VR/AR、AI 技术变革视听内容生产

面对智能技术带来的新一轮科技革命，主流媒体平台既要向“智”而行，提升自身融合创新的能力和水平，根据自身情况拓展特色化智能转型道路；也要不忘初心，坚持以高质量内容为核心，在技术助力下坚定发挥主流媒体的价值引导作用。这要求视听生产既要技术，也要温度。人工智能、算法分析、AI 写作等技术，极大提升了信息发布的时间和效率，更将媒体从业人员从大量日常的消息报道工作中解放出来，让其有机会关注用户的深层次价值需求，并通过有深度与温度的新闻报道与信息传播，用“VR/AR+AI”等形式创意表现精准连接，弘扬主旋律。[①]VR、AR、AIGC 等新型融媒体技术的发展为新技术与电媒介的融合探索了适合的连接方式，让用户在个性化获取信息的过程中更具参与感和沉浸感，赋予主流媒体立体化传播矩阵、建设更多的选择和内容形式的可能性，丰富了用户消费内

① 曹曦晴，谢莎．媒体智能化转型的五大关键：以湖北广播电视台实践探索为例［J］．新闻战线，2021（22）：26-29.

容的形式与体验。

1. VR、AR 技术优化视听效果

VR 技术是一种融合计算机图形、传感器、人工智能等的综合技术，强调将用户的感官、知觉与现实世界隔离，通过使用头戴式设备和交互手柄等装置，使用户可以沉浸式虚拟现实的环境中，具有多感知性、高沉浸性与强交互性特征。AR 技术是在 VR 技术的基础上发展而来的，通过图像识别和图像生成技术将真实世界与虚拟世界相互融合，使用户可以对真实场景进行虚拟增强，实现三维空间、虚实融合和实时互动等效果。

在视听传播过程中，VR、AR 技术正改变着人们获取信息、观看节目和参与互动的方式。通过 VR 技术，观众可以体验 360° 全景视频的沉浸感，可以自由地转动头部观看周围的环境；可以参与虚拟剧场演出或虚拟旅游游览，足不出户就能享受到与传统体验方式不同但同样令人兴奋的观看体验。通过 AR 技术，观众可以在观看节目时获得额外的信息，例如实时比分、选手数据、角色介绍等，这样的增强信息可以更好地满足观众的需求，并增加他们对节目的参与感。AR 技术还可以将虚拟角色或虚拟物体融入真实场景，观众可以与虚拟角色进行互动，增加节目的趣味性和娱乐性。

与传统媒体相比，VR 和 AR 应用具有更高的视野范围、分辨率和帧率，因此需要更高的带宽和更低的延迟，以便向观看者传递连贯一致的体验。典型的 4G 网络延迟约为 60ms，这对于良好的 AR、VR 体验来说太慢了，即使在 15ms 的情况下也可能会让人迷失方向。5G 连接可以使 AR、VR 体验摆脱对有线、专业室内环境的依赖，这意味着这些设备可以用于更真实的场景。随着 5G 连接变得普遍，越来越多的移动设备开始支持增强现实功能。5G 和 4K 技术的深度融合，使超高清视频实现了移动化、可视化、即时化，不仅给观众带来全新体验，还在视频内容的采、编、播、传

等各个环节带来革命性变化。

以2023年两会报道为例，央视等广电主流媒体在传统媒体端推出《两会夜话》《两会观察》等栏目的同时，在微信等新媒体端推出“小经跑两会”系列短视频、微视频《习近平的两会“微镜头”》、访谈类XR节目《中国神气局》、VR绘画微视频《VR画两会》等一系列融媒体产品，亮点纷呈的融媒体作品充分展现了两会盛况，构建了两会主题传播的立体化矩阵。湖北广播电视台制作的长江保护宣传片《一江清水 惠泽人民》将AR技术应用到视听内容生产的实践之中；2024年湖北卫视春晚主舞台以春天万物向上生长为视觉灵感，抽象出寓意希望与生机的视觉元素，包含6个AR节目和1个XR节目，有别于传统的蓝底抠像的技术，XR技术通过顶上的虚拟定点，能准确捕捉演员在演播厅里面实时的动作，让观众感受到演员置身于一个真实的场景当中；特别策划《桥见十年》以桥为载体，通过人物故事和数据呈现，反映湖北经济社会的辉煌巨变，以XR多种技术为支撑，将十年间的变迁巧妙展示。

2. AI技术提升内容生产流程效率

AI技术是一种新兴科学技术，旨在模拟、延伸和扩展人的智能。通过AI技术，媒体可以加强观众与内容的互动，提升观众的观看体验。AI技术的不断发展和成熟将进一步丰富广播电视领域的内容创作和传播方式，大大提高生产效率。

首先，AI技术让内容生产更加高效便捷，精准定制个性化内容。人工智能技术尤其是自然语言处理技术和机器学习技术的应用在速度和产量两个维度大大提高了内容生产的效率，与传统新闻编辑相比，AIGC生产依赖于对采集数据的分析并直接生成新闻，简化了编辑流程。例如，2018年全国两会期间，新华社推出的全媒体智能生产系统“媒体大脑”从5亿网页中梳理出两会舆论热词，并自主配音、配图、剪辑，仅用15秒就完成了全球首条两会内容的机器生产视频新闻。

其次，AI 技术让内容生产降本增效，充分释放内容生产力。AI 技术能够让内容形式多样化呈现，全面提升内容影响力。以 AIGC 为核心机制的内容生产借助强大的技术赋能，能够同时囊括文字、图像、音频、视频等多种媒介形式，在整合多元形式的基础上实现全新创意形态，如沉浸式新闻、问答式新闻等，打破传统内容生产的时空偏向，以更为多元的呈现方式和丰富的内容形态实现深度融合，为用户提供最优体验。

最后，AI 技术能够实现人机协同工作，释放采编生产力。AI 技术可以在一定程度上节省人力成本，特别是在进行频繁创作、剪辑、合成等工作时，可以提高效率，减少人力投入，同时创作出高质量的作品。将 AI 技术应用于视听内容生产领域，有助于实现从采集到创作等各环节的一站式生成，人工智能的精准化采集、智能化分析和自动化生成能够有效降低传播内容生产过程中的人力资源摊销，使专业人员将时间和精力用在新的工作环节中，释放传播内容的生产力和创造力。[①] 如今，AI 技术的应用范围覆盖了广电内容制播的各个环节，包括智能内容生产、采编制作、管理审核及制播系统化等。

内容生产方面，利用 AI 技术可以实现抓取实时网络热点资讯进行搜索分析，自动生成文稿供编辑使用，现场采访的内容也可以通过机器人写稿等智能编辑手段生成。同时，在节目内容生产过程中也可以结合虚拟动画，创造虚拟主持人或者虚拟网红人物。AI 技术可以实现视频分析处理、语音识别与智能交互等，简化传统广电制播流程中的内容素材的剪辑、合成等琐碎工作，例如利用计算机视觉技术对视频进行内容识别和标记，实现自动化的视频分类推荐、自动去噪、传输压缩、图像增强等；语音识别技术可以将广播、电视节目中的音频转换为文字，实现节目的自动转写、实时

① 陆小华 . ChatGPT 等智能内容生成与新闻出版业面临的智能变革［J］. 中国出版，2023（5）：8-15.

字幕生成，提供更好的辅助功能和用户体验。

此外，传统的节目人工审核方法耗时长、成本高，如今训练人工智能算法可以使内容审核在云端实现自动或半自动化进程，规范审核流程并提高效率，提高制播环节的智慧化和系统化。人工智能技术还能够通过对大数据的挖掘和分析，提取有价值的信息和隐藏的规律，利用机器学习和深度学习算法对广电数据进行模式识别、用户画像构建等，为视听制播提供决策支持和业务优化建议。

人工智能技术的出现带来了新机遇，极大提升了信息发布的时间和效率，更将媒体从业人员从大量日常的消息报道工作中解放出来，让其有精力关注用户的深层次价值需求，实现更有深度与温度的新闻报道与信息传播。但与此同时也产生了新的问题——技术黑箱的存在具有数据隐私泄露的风险、新闻主体的不确定性造成新闻真实性的混杂、可训练的机器属性带来新闻价值观的偏差等。因此，主流媒体要以辩证思维统筹内容技术的智能化平衡，对智能技术抱有更多期待的同时，时刻警惕智能技术陷阱，例如智能技术带来的圈层分化和信息茧房效应等负面效应。

3. AIGC：媒介内容创作的新变革

2020 年 5 月美国公司 OpenAI 推出了第三代语言预测模型，人工智能用于生成和创作内容有了质的飞跃，生成式人工智能首次被提出，运用到图片、文字、视频等内容创作与生产的 AIGC 技术受到更多关注。2022 年 11 月 30 日，OpenAI 公司发布了 ChatGPT，在短短的两个月内达到了惊人的 1 亿月活跃用户，AI 产业的大力驱动使得 AIGC 在 2022 年迎来爆发式增长。生成式人工智能是指利用生成式机器学习模型实现文本、图像、语音等内容合成的人工智能，其合成的内容被命名为人工智能生产内容（AI Generated Content，AIGC），与专业生产内容和用户生产内容相对应。

人工智能本质上是模拟、延伸和扩展人的智能，广播电视媒体可以将直播功能、点播资源与人工智能的智能算法演进、自然语言处理、语音图像等优势相结合，应用人工智能技术的智能媒资系统推进云平台的基础架构，将传统的音视频处理能力与 AI 智能处理、云服务基础打通，有效推进制播一体化智能云平台的建设，加快大数据、云计算和 AI 等新技术在广播电视内容生产中的创新应用，加速建成智慧广电网络传播体系。移动互联网与人工智能的结合创造出多维度信息交互场景，借助人工智能技术，用户可以参与内容生产和传播，实现移动化、可视性、沉浸式、互动性等用户体验。在新闻传播领域，AIGC 为内容生产带来了新的机遇。

一是向上进阶，AIGC 技术革新内容生产。AIGC 技术以“天”为单位加速进化，其价值空间进一步向外延伸，内容多样化的底层逻辑更是在技术驱动下被重塑。随着 AIGC 生成的内容种类越来越丰富，内容的质量不断提升，AIGC 将作为新型的内容生产基础设施对既有的内容生成模式产生变革性影响。2024 年，文生视频模型 Sora 的问世标志着 AIGC 迈向 AGI 的新阶段。Sora 在数据处理和模型架构上的突破，打破了人们对于视频生成模型的上限预估，不仅可以理解和执行人类复杂指令，还能创建具有各种角色和丰富细节的视频，可以在制作长视频的同时，保持“一镜到底”的视觉叙事体验。[①]

2024 全国两会之际，湖北广播电视台新闻中心推出创新图文产品《跟着总书记看中国｜春日江湖更 AI 意》。作品以习近平总书记对于中国式现代化实践探索的精神为内核，通过 AI 问答的形式切入展示湖北的美丽风光、科技发展和社会进步等现代化建设成就。全片采用了前沿的 AI 合成技术，创新运用 AI 算法融合场景之间的过渡画面，使得整个视频不再是单个的镜头组接，而是有了不同时空的场景、镜头与镜头之间的逻辑转换，将

① 林驰琛，刘晨鸣，范伟健，等 . 基于 AIGC 技术的视听新变化［J］. 中国传媒大学学报（自然科学版），2024，31（2）：1-8.

AI 与实景结合，呈现出真实而又充满科技感的视觉效果。这种独特的创作方式不仅让观众感受到科技的力量，也让他们能够无限地想象湖北的未来可期。

二是向下赋能，AIGC 赋能内容创作。生产力革命无疑是对此次 AIGC 新浪潮的最佳注解。在这种新质生产力的加持下，媒介生产场域将面临巨大变革。长江云新媒体集团运用 AIGC 工具实现从事实信息到创意写作的跨越，辅助员工完成新闻稿件、脚本策划、剧本写作等多种媒介内容的创作。此外，使用文字提示或几张图片生成数十秒连贯的短视频，只花半天时间就能完成制作团队过去需要一两周才能完成的特效工作。

目前，湖北广播电视台已经运用 AIGC 技术等新技术进行内容创新，提升了节目质量和观赏性，结合数字创意拍摄、非线性编辑、三维动画、数字合成等影像技术，推出多形态融合的优质作品。例如推出脑洞创意视频《炫彩新年，兔 be fine!》；使用 AIGC 生成式工具 Stable Diffusion、Midjourney 制作视频，推出的《瞬息黄鹤楼》《轮回·人生律动》《AI·年》等契合节日时间节点的 AI 视频产品。

继 UGC 和 AIGC 之后，随着文生视频 Sora 的到来，人类将不折不扣地迎来 H-AI-GC（Human-AI Generated Content，人类 AI 生成内容），即人类与 AI 共同创造内容的时代。为此，汲取中国文化“天人合一”的思想，有助于创建人机共生的影视新生态，实现人机合一、人机合德、人机和谐、人机共生，共同推动 AI 技术与影视内容的深度融合，共创影视行业高质量发展。①

三是开放兼容，乘上 AIGC 时代东风。AIGC 可以通过对人类大量作品进行融合与再造，打破人类固有的思维惯性，使创作者得到灵感和启发，促进作品质量与创作水平的提升。AIGC 内容生产具有在深挖用户数据的

---

① 李本乾，陶婷婷．人机共创：AIGC 时代影视业模式创新［J］．上海广播电视研究，2024（2）：13-16.

基础上生成个性化定制新闻的功能，可以在编辑环节根据不同的用户数据为同一个新闻信息编辑出不同风格的作品，精准定制个性化内容，提高用户的阅读体验。[①] 例如，谷歌新闻推出的 Google News Personalization 功能，通过对用户的搜索历史、阅读历史、界面停留时间等数据进行大数据分析，在每天早晨为每一位用户生成并推送一份独属于他们的“我的日报”。ChatGPT 爆火后重新带来的对话式新闻也是类似的生产逻辑，个性化的新闻编辑为用户节省了过滤信息的时间，增加了平台与用户之间的黏性。

（三）大数据技术实现视频垂直精准传播

“分众”概念，最早由美国社会学家阿尔文·托夫勒提出。1970 年，托夫勒在《未来的冲击》中提出，未来的报纸媒体将从“同质”转向“多样”，未来的大众传播是“分众的”。[②] 在分众传播时代，我们必须告别“大水漫灌”式的传播，充分考虑到受众的个性化差异。[③] 分众时代，广播电视媒体基于大数据的内容分发智能化转型可以从以下三个路径入手。

第一，运用大数据技术进行媒体资源管理和分发，基于不同场景的不同需求精准高效触达目标用户，实现内容传播效果的持续优化。2019 年国家广播电视总局正式发布《广播电视人工智能应用白皮书（2018 版）》，提出“推动广播电视终端智能化发展，需要对人工智能与广播电视行业的深度融合作出进一步探索实践，要在广播电视生产、制作、运营、监管等多个领域中实现有效应用，加快广播电视智能化发展速度”，湖北省广播电视局印发的《关于推进全省智慧广电发展的实施意见》中也提到要加快大数

① 黄勇军，郭安然．“艺术和科学的结合”：AIGC 技术下新闻编辑的机遇、困境与优化［J］．新闻爱好者，2023（7）：48-51.

② 关键．主流媒体垂直分众传播浅探［J］．新闻前哨，2023（8）：30-31.

③ 周劲翔．分众传播时代阅读节目更需精耕广拓：中央广播电视总台广播读书节目《轻阅读》带来的思考［J］．中国广播，2020（7）：70-72.

据、AI 等新技术在广播电视内容生产中的创新应用。在人工智能时代，广播电视媒体之间的直接竞争是数据平台建设、数据资源获取和数据内容处理生成等。其中涉及大量的数据，包括用户观看数据、内容数据、用户偏好数据等。利用大数据技术，可以对这些数据进行有效地管理和分析，进而洞察用户行为、了解用户需求，了解观众对不同类型内容的喜好和反馈，从而优化内容创作和运营决策，通过深入了解观众需求和行为，可以更准确地把握受众喜好，精确分发内容，提升内容质量和观众体验。

以湖北广播电视台为例，湖北广播电视台运用大数据技术搭建了 IPTV 智能化媒体资源管理系统，支持以租户的模式提供内容汇聚、内容生产、内容管理等功能，可以接入全省节目数据，按计划分批次将现有及汇聚过来的媒体内容进行数字化存储与分级编目，逐步实现对内容资产的检索与调度，可按统一的技术格式进行编排和界面展示，对节目产品的频道组合、技术质量、资费定义进行统筹管理，并负责节目的监看、上下线、通过流媒体服务系统实现对终端的流服务。该系统的打造实现了合理部署全省媒资平台、全省媒资服务、云转码服务、面向多业务多终端的分发服务，实现了湖北省网内资源的管理和利用，达成资源共享、增强互动的一体化系统，充分挖掘了资源价值。同时，该系统可以将内容共享给长江云省级平台，通过数字化内容资产的资源共享，实现了全网技术体系资源的合理配置，提高了业务效率与综合管理水平，使管理业务流程更加方便和快捷。智能化转型不仅强调综合运用数据，更注重搭建系统化的数据管理平台，形成实时监控、实时分发、高转化率、强控制性的内容分发平台。

第二，运用大数据技术进行内容精准分发，以大数据为技术依托，提高传播效率、增强传播效果，达到精准传播、全面覆盖、高效引导。以往内容生产和传播的底层支持力量是人的经验，如今智能化技术正在成为内容生产传播新的底层支持力量，虽然它不会替代人的经验，但会在较大程度上改变生产模式与生产系统，驱动内容生产革命。[①] 这需要我们用系统思维一体化布局内容生产的底层架构，将大数据技术应用于媒体业务全流程，从智能媒资管理、智能信息传播等方面，满足媒体行业在内容策划、采编、审校、分发等多种场景下的智能化转型需求。[②]

广播电视媒体可以借助大数据技术对受众人群、传播效果进行分析，从而形成多形式、个性化、有针对性的内容分发机制，实现内容与用户之间的匹配和对齐。随着社会化媒体的兴起，微信、微博、视频号等众多社交媒体平台不断出现，分散了用户的注意力，各平台信息分流明显。广电媒体除了要整合媒介内容、聚合多媒体平台进行融合传播，还需要主动适应媒体融合向纵深发展的格局。传统媒体时代受众注重信息内容的准确性和深度，融媒体时代内容和平台的体验感也格外重要。大数据技术所赋能的分众精准传播模式能够给用户带来全新体验，让更多有声有色、新颖丰富、契合用户兴趣的融媒体产品进入大众视野。

第三，利用数据集成平台和大数据技术变“数据废料”为“舆情肥料”。在大数据和移动互联的背景下，媒体传播已明显显现出从大众传播向分众传播，再从分众传播向互动传播的变革和转化。媒体的多样性、信息的广泛性、受众的选择性已成为媒体传播所面临的一个现实常态。为此，数据资源要在分众化传播中实现最大可能的价值转换，就必须抓住这个良机，锚定数据驱动这个靶向目标，迎难而上，勇于创新作为。[③]

湖北广播电视台长江云平台通过采集、汇聚、分析、处理大量用户数

① 彭兰．移动化、社交化、智能化：传统媒体转型的三大路径［J］．新闻界，2018（1）：35-41.

② 曹曦晴，谢莎．媒体智能化转型的五大关键：以湖北广播电视台实践探索为例［J］．新闻战线，2021（22）：26-29.

③ 施龙有，董枫，吴峰平．媒体融合如何借力大数据推动分众化传播：以丽水日报传媒集团“绿谷融媒小厨”的运行实践为例［J］．中国记者，2020（5）：96-98.

据，为广电行业提供更加精准的市场分析和用户画像，从而实现更加精准的信息传播和服务。目前长江云平台的数据量超过 200TB，通过集纳媒体的新闻数据以及基层的用户、经济和社会的行为数据，并经过算法分析，为党和政府提供信息决策参考。其中，长江云智库平台旨在搜集社情民意，打通全省范围内的信息渠道，构建起覆盖全省、触达城乡的信息网络，实现对重大事件的早发现、早预警、早处理。

与此同时，长江云平台还基于数据库研发了自主可控的网络信息安全平台。长江云平台于 2022 年完成纯国产化数据库的改造，采用混合云 +MPP 分布式并行结构化数据库集群的底层架构。这种架构既可以充分发挥公有云的弹性扩展能力，又可以利用本地化资源。MPP 架构的数据库可以为超大规模数据管理提供高性价比的通用计算平台。长江云平台还通过了国家三级等保认证，确保接入平台的各政务、媒体单位也同等具备了等保三级标准的安全防护能力，使基层媒体可以更加专注于内容生产和融合工作。

媒体融合背景下，广播电视媒体应当围绕数据、工具、平台等技术核心要素，自主规划和设计下一代融媒云基础设施，打造媒体业务大连接、大融合、大平台的一体化技术支撑，打造以通信与智能技术为基座的“云基建”——支撑内容制播体系升级，提高生产效率和智能化水平；支撑传播渠道深度融合，对广播电视渠道、互联网渠道和正在兴起的元宇宙渠道构建协同生产技术流程，增强媒体内容供给和传播能力；支撑办公、财务、资产、人事等非内容生产类业务数字化升级，逐步实现全平台技术系统 IP 化、云化、融合化和智慧化。

二、全链条升级，建设全媒体视听产业基地“新生态”

先进技术是传媒发展的引擎，推动媒体融合发展，要将技术建设和内容建设摆在同等重要的位置。不断提高技术研发水平，以新技术引领媒体融合发展、驱动媒体转型升级。建立全媒体传播体系，需要建立新的技术支撑体系，使内容更为快速、有效、精准地抵达用户。

（一）以新策略应用新技术，目标导向破除僵化思维

技术是推进视听融合布局形成的关键途径，智能技术的更新换代带来了信息生产和传播机制的迭代与革新。无论是媒介技术的创新还是媒介应用的出现，技术在媒介融合和媒介形态扩展的进程中无处不在，从互联网终端到手机移动终端，从视听类应用到智能家电，视听技术对生活的渗透是全方位的。从 Web 1.0 到 Web 3.0，从 1G 到 5G，我们已经进入数字化、智能化的传播时代，数字技术、网络技术、移动通信技术奠定了视听行业转型升级的技术基础，场景化、沉浸式体验已成为现实。

1. 以更创新的技术、更下沉的内容扭转刻板印象

一直以来，广播电视等主流媒体都以严肃、端庄的姿态出现在受众面前，在长时间的发展过程中形成了高高在上的刻板印象。由此，主流媒体也需要主动放低姿态，积极采用短视频这样群众喜闻乐见的形式，通过改变媒介产品形式改变受众的刻板印象。具体而言，短视频作为时下最受欢迎的呈现形式，拥有短小精悍、主题鲜明的强大优势，是快餐式社会的必需品。但是我们也应该明确，新闻短视频的“短”并非指对新闻作品时长的简单删减，也并非新闻的拆解与割裂，而是指有效整合新闻内容，择取最为精华的核心部分，同时通过改变报道方式、融入互动元素等途径增强新闻影像的生动性和观赏性，激发受众收看收听甚至是参与传播的积极性与热情。

一方面，我们不难发现，抖音、快手、小红书、B 站等新兴社交媒体

平台的宣传语大多围绕“记录美好生活”“标记我的生活”等设计，无一不强调展现真实生活，并且着眼于“下沉内容”的创作与传播，也赢得了较好的大众口碑与喜爱。

另一方面，“下沉”也可以指将原本在主流平台上受到较多关注和曝光的内容经过筛选和整理后，重新部署到次级渠道或较为冷门的平台上，以侧重于特定消费群体或特定地域的内容传播和推广。在广电媒体领域，“下沉内容”通常是指那些在一线电视频道、主流电视和媒体平台没有获得大量播放和关注的内容，这些内容可能是针对特定地区的新闻、文化活动、乡村发展等，其目的是通过次级渠道和冷门平台，以较低的成本和较高的效果来覆盖更广泛的观众群体，通过调整定位和传播方式，以及更精准的内容匹配，更好地满足下沉市场的需求，促进内容的传播和消费。这种策略在中国的广电媒体行业中比较常见，尤其是对于较为冷门和特定的内容形式。通过下沉内容的推广，可以实现内容的全面覆盖，提高品牌影响力，也为较小众的观众提供了更丰富多样的内容选择。

广电媒体想要吸引受众的眼球，并不需要过于宏大的新闻纪实或高深的内容生产，有时候一则简短的小故事、一段情感到位的小短片，就能在新媒体平台上广泛传播。在“内容为王”依旧为媒体发展核心理念的时代，新闻作品传播内容的创新迫在眉睫。如果广电行业想要进军新媒体领域，就必须“迎合”平台、受众的口味偏好，从作为本质和根基的传播内容上进行改变，聚焦基层普通老百姓的“小生活”“小日子”，以一种更加亲民的姿态来挖掘世间百态并进行传播，通过以小见大的方式宣传社会正能量，呈现国家、民族的良好形象，从而既能在一定程度上改变视听行业给受众留下的刻板印象，又能达到预期的传播效果。在传播手段、传播技术千篇一律的当下，如何使传播内容更加亲民，如何能够更加清晰、自然地呈现传播主题，如何使传播更加有血有肉、丰满传神，是视听行业应当静下心来思考的重要问题。

2. 以更精准的技术、更有针对性的内容适应传播平台

在当今社会的传播环境中，大部分广电媒体会在研发自身新闻网端传播应用的同时，将制作好的短视频新闻作品投放到视频号、微博、抖音、B 站等各大平台，构建新媒体全局传播矩阵。然而，不同的新媒体平台吸引不同的受众群体，每个新媒体平台有其独特的特点和功能，通过市场研究和数据分析目标受众的特点、喜好、行为习惯，了解各平台的用户界面、内容类型、传播方式，并据此定制内容策略；同时，积极回复受众的评论和私信，引导受众参与讨论和社交活动，增强与受众的连接和亲近感，通过调查问卷和用户反馈，持续监测和测试在不同平台上的数据反馈。

为了适应不同平台受众群体的需求，广电媒体需要借助大数据和人工智能技术，分析用户的喜好和行为，从而在文案、背景音乐、后期特效、画面剪辑等方面都要做出有针对性的处理，打造能够与平台　对应的个性化、独特化的内容，只有这样才能提高受众的观看和收听体验，满足受众的实际需求，增加受众黏性和忠诚度。比如，抖音、快手相对而言对视频情节、剪辑水平、内容设置的要求不高，鼓励“随拍随发”，以“短”“平”“快”为经营模式，因此视听行业就可以将当日当地的小新闻，或者是一些有趣的小故事发布到抖音等平台，以方便受众在通勤路上等碎片化的时间中掌握最新的资讯。而纪录片、宣传片等，则可以考虑投放到 B 站这样的综合视频平台，通过对分区的选择、对时长的把握、对标签话题的设置来吸引平台给予更加可观的流量，从而将内容呈现在更多受众面前。

当然，不容忽视的是，随着生活“媒介化”程度的不断加深，随着人们的社交、娱乐基本转移至数字空间中，此类社交媒体平台的界限也更加模糊，这就告诫广电媒体，在行业转型和媒介融合的进程中，既要充分利

用数字时代中的新媒体传播矩阵，最大化实现作品在不同平台的投放，也要合理选择传播渠道，特别是要利用算法等技术分析用户数据、精准市场定位，拒绝“一股脑”“一刀切”的平台投放策略。只有这样，才能更好地实现传播的目的，触及更广泛的社会受众。

举例来说，湖北广播电视台联合中国国际电视台（CGTN）共同打造的航拍纪录片《飞越荆楚》，就是适应新媒体传播平台的典型案例。为了满足短视频传播时代“短”的首要要求，制作团队将影片分为《水润荆楚》《九省通衢》《希望田野》《绿水青山》四集，分别以“水”“交通”“米”“人民”为小主题展现湖北之美。这样既能避免影片过长而难以达到可观的完播率，又能以一种小型电视剧的形式，吸引受众的持续关注。除此以外，团队还制作了34条《“鄂”的飞行日记》短视频跟拍花絮，在长江云、“湖北发布”等多个新媒体平台进行了专题推送。国际版更是在CGTN新媒体端和《新闻联播》栏目推出了2集纪录片《Hello ！湖北》和8集短视频《丰收》《豆腐》《捞虾》《采莲》《洪湖》《荆州》《江豚》《三峡》，以及5集短视频《你没见过的湖北》，合理的影片拆分、新颖的主题规划、恰当的平台投放，赋予了其广泛传播的动力和优质的传播效果。

（二）以新技术建强新平台，赋能视听媒体融合生产

《关于加快推进广播电视媒体深度融合发展的意见》强调，广电媒体要保持对新技术的战略主动，高度关注新技术发展，深入研究颠覆性技术可能带来的技术变革，将技术应用与行业需求有机结合、业务研发与产品开发有机结合，抢占全媒体时代战略高地。在媒体深度融合发展实践中，广电媒体要聚焦内容融合生产技术支撑、平台公共服务功能建设和核心技术创新体系培育三个方面，把握新技术，建强新平台。

1. 以生产技术为支撑，聚焦内容融合生产

实际上，无论新媒体如何发展，无论传统媒体在多大程度上让位于新媒体等全新的新闻传播形式，新闻业在本质上仍然属于一种“内容产业”。[①] 在我国的现实语境中，广播电视是一种典型的以市场需求为导向和基点、以传播载体属性为参照，创作节目内容、生产新闻产品，从而为受众提供图像、音频、视频、数字消费等多样化服务体系的“内容产业”链条。在这样一条连贯性的完整链条中，新闻作品的策划与生产无疑是最为重要的一环。在实践中，个性化内容推荐、情感分析、AIGC 技术、社交媒体分享和互动、自动化生成摘要和标题、使用搜索引擎优化内容、实时数据监控、自动化分发、自然语言生成技术、跨媒体传播等，都是视听媒体能够借鉴和尝试的新兴技术。而要想充分利用这些融合生产新技术，需要广电媒体打造真正实现素材共享、高效运作、上下一体、全链路化的内容智能生产融媒体平台。

例如，湖北广播电视台以长江云为出发点，开创性地打造“混合云平台、生产平台、发布管理平台”三位一体的融媒体云制播一体化产业链，助力高效产出更多精品力作。

一是开放混合云平台。湖北广播电视台立足于台内节目生产与长江云平台的互联互通，实现海量内容全面上云，资源共享、云功能共享，以及新华智云与长江云制播系统、生产系统数据及台播控系统对接，大小屏播出信号云实时回采、定时收录节目成片归档并切片、对收录素材进行智能分析，包括生成标签、语音识别、生成文本、人脸识别等功能。

二是支持云同步发布管理平台。节目素材在云上通过二次创作并一键审核通过后，可以通过预设功能一键发布给广播、电视、报纸、微信、微

① 陈炜．全媒体格局下城市广电媒体的战略转型研究［J］．南京社会科学，2009（8）：45-52.

博、抖音、快手等多终端，也可以多账号同步管理。

三是搭建云端生产平台。通过 5G 新技术手段，以转播车作为主会场，通过手机、PC、5G 背包等技术设备，把异地的大小屏信号、视频会议、流媒体信号等汇聚一屏或直接发布到云端，利用云端丰富的内容架构、生产流程及智能化输出，快速生产多样的内容组合，迅速一键式发布到各个自媒体平台上，最终实现内容和通道的完美结合。

2. 强化媒体服务意识，建设公共服务功能

进入新媒体时代，5G、人工智能、大数据、云算法、AIGC 等全新技术深刻影响着广电媒体的转型升级，新闻内容的采集、生产、分发机制被重构，抖音、微博、今日头条等应用更是为广播电视内容的传播提供了多元化的平台。尽管全新的传播局面在一定程度上降低了自媒体的发展门槛，为视听行业的转型造成了一定的障碍与挑战，但与新媒体相比，广电媒体拥有更多能够自由调配的人力、物力、财力资源，能够在做大、做好、做强传统优势的同时，充分利用这些新技术，结合人民群众和社会市场的需要，在各类移动应用上创建媒体的官方账号，发挥聚合平台的资源整合优势进行公共服务建设。

3. 坚定技术自信自立，培育核心技术研创体系

2020 年我国提出“新基建”战略，将 5G、大数据中心、人工智能和工业互联网列为新型基础设施建设重点。2021 年中央印发《关于加快推进媒体深度融合发展的意见》，指出要把技术创新引领作为一项战略任务，要用好信息技术革命成果，利用云计算、大数据、5G、人工智能等技术，重塑采编流程、打造媒体资源数据库、提升内容生产力，大幅提升主流媒体的内容生产能力、信息聚合能力和技术引领能力。

为了有效应对媒体深度融合推进和技术迭代发展带来的新挑战，湖北

广播电视台不断加强核心技术研究创新，专注解决技术痛点问题。一是着力解决云平台业务增长中普遍面临的存储资源、网络安全防控、系统运行保障等方面的问题。针对云平台的特征，自主研发存储资源管理工具、安全漏洞扫描工具、自动运维工具等，大幅提升平台空间周转率，尽早化解安全风险隐患，显著降低常规运维人员消耗，有效节省云平台运行成本。二是加快构建自主技术应用和研发新体系，依托 5G、AI、大数据、云原生等技术领域的开放框架，构建 DevOps 一体化技术开发模式。先后自主开发 5G 直播盒子原型机、智能 MGC 生产线、智能唱词、统一审计监控等产品，自主组建虚拟数字人实验室，研究低成本生产流程和创意内容技术支撑，探索适合自主发展的技术融合路径。广电媒体应当加快新技术研发和创新应用，更好地辅助新闻作品内容的生产与制作、更好地定位受众和市场的需求、更好地提升视听体验和传播效果。

（三）以新平台布局新传媒，打造智能化广电产业园

2015 年国家新闻出版广电总局首次提出“智慧广电”概念，是广播电视继数字化、网络化发展之后又一轮重大技术革新和转型升级。2021 年湖北省广播电视局印发的《关于推进全省智慧广电发展的实施意见》明确了湖北省“智慧广电”建设发展的指导思想、总体目标、重点任务和保障措施，从建立智慧广电内容生产体系、推进智慧广电制播体系建设、建成智慧广电网络传播体系、建设智慧广电公共服务体系、完善智慧广电监管和网络安全体系、推进智慧广电生态体系建设 6 个方面出发，提出了 22 项重点任务，提出要“以推进广播电视高质量发展为主线，以深化广播电视与新一代信息技术融合创新为重点，推动广播电视从数字化网络化向智能化智慧化发展，推动广播电视新一轮重大技术革新与转型升级”。

随着数字经济时代的来临，以广电网络和网络视听为代表的视听行业，

在国家数字经济战略和“智慧广电”战略指导下，面临着产业要素与各个行业领域相互融合渗透发展的机遇，以技术创新推动内容创新，为视听传播实现垂直分众化精准传播提供新动能。在此背景下，广播电视媒体应当提升系统化思维，智能化布局内容生产的底层架构，将智能技术应用于媒体业务全流程，从智能媒资管理、智能分发和智能生产等方面不断拓新，以满足媒体融合趋势下视听内容策划、采编、审校、分发等多种场景的智能化转型需求。

湖北广播电视台深入学习贯彻媒体深度融合、新基建等国家战略顶层设计，以“全台一云”技术路线，设计制定了“六个大”（大基座、大制作、大播出、大总控、大媒资、大安全）的整体技术框架，深远布局、大力建设湖北广播电视传媒基地。湖北广播电视台传媒基地是打造具有强大引领力、传播力、影响力省级主流媒体的重点基础工程，写入了湖北省政府工作报告和全省宣传思想工作要点。湖北广播电视台传媒基地通过云化、融合化、IP 化、智能化技术，共建共享一个平台体系，由大基座提供统一算力、存储和网络的公共资源服务，支撑全台大制作、大播出、大总控、大媒资等多个板块，形成大基座“全台一云”。湖北广播电视台传媒基地有望成为省级广播电视传媒技术理念领先的现代化影视基地，如图 5-1 所示。

图5-1　湖北广播电视传媒基地

湖北广播电视台正以湖北广电传媒基地新台址建设为契机，围绕“未来电视”大视听事业、产业新发展格局先行区的使命要求，强化科技自立自强，深化新一代数字信息化技术在广播电视和网络视听领域的融合应用与创新发展。

一是进行智能化升级，加速人工智能技术与媒体报道的融合。湖北广播电视台传媒基地长江文创产业园作为中国（湖北）网络视听产业园的核心产业承载区，基于5G、8K超高清视频、VR/AR/MR、视音频AI等新技术打造广电媒体融合创新主体和孵化平台，构建智能化传媒产业生态圈。目前产业园已汇聚数字创意、虚拟现实、智能机器人等视听业态。

二是深耕智能化应用，拓展终端传播渠道。智能化应用要以用户为中心，找到特定应用场景的服务方式，通过互动式传播，不断培育并提升媒体竞争力。楚天交通广播袋鼠听听小程序联合学习机等终端开发儿童有声阅读平台，打造“奇妙”系列IP，研发原创精品课程，强化平台分发、运营，用碎片时间陪伴孩子快乐成长。

三是实现智能化布局，构建元宇宙营销商业生态体系。未来，湖北广播电视台网络将以现在500多万家庭终端用户为基点，以“有线+5G”为技术手段和连接渠道，抢抓国家文化数字化战略和产业数字化、数字产业化契机，联合合作伙伴共同在电视端构建元宇宙营销商业核心区（可同步到手机、电脑），以元宇宙的形式展示企业形象、销售相关产品，尝试并打造元宇宙营销的商业闭环，并根据需要扩展到手机、电脑、VR/AR设备等终端。同时增加数字虚拟人，提供第三方应用接入，不断扩大行业及应用场景，逐步覆盖所有行业、所有终端、所有人群，在此基础上，构建元宇宙营销的商业生态体系。

其中，长江文创产业园是湖北广电传媒基地的重要组成部分，是国家级广播影视媒体内容基地（2011年获批）、中国（湖北）网络视听产业园（2019年获批）的核心产业承载区。园区由湖北广播电视台（集团）控股子公司——湖北广电文化产业发展有限公司建设并运营。园区 2018 年底开工建设，历经 4 年，2023 年园区迈入产业运营新阶段。园区坚持“网络视听 +”产业核心，优质企业逐步入驻，产业业态逐渐汇聚，产业平台陆续布局，发展项目不断突破，园区影响力不断提升。

长江文创产业园充分发挥湖北广播电视台集团的产业引领作用，通过三年时间，聚集网络视听产业人才、资源、项目和资本，搭建服务平台，优化营商环境，加强政策扶持，创新孵化机制，壮大市场主体，拓展产业链条，引入企业 300 家，创造就业岗位 1 万个，实现园区 100 亿元规模，带动相关产业上下游达 300 亿元规模，成为国际一流、国内领先的影视产业聚集先行区、网络视听创意先行区、精品内容创新先行区、数字产业发展先行区。

长江文创产业园凝聚产业之链，聚合 5G+ 数字传媒内容与技术融合创新，并积极部署人工智能、虚拟现实、网络直播等领域。长江文创产业园以“网络视听 +”产业为核心，以媒体融合为重点，以数字经济产品为抓手，坚持国际视野，深耕广电优势领域，聚焦内容制作、数字创意、5G+XR 研发、动漫游戏、数字娱乐、高端设备、数字金融等新兴领域，深度推进人工智能、文娱消费、直播、短视频等泛文化领域布局，向业务融合、跨界融合、场景融合等纵深突破，着力打造网络视听行业的新产品、新产业、新场景、新消费方式的融合，构建文化与科技深度融合的视听产业生态圈。

长江文创产业园还联合优质企业，搭建服务协同平台。其中，与光谷融媒体中心联动打造东湖高新区官方新型主流舆论阵地，采用 AI、5G、4K 等技术进行新媒体内容生产和运营，高标准的设施及场景面向区域企业提供专业化服务；与东湖高新区共建文化科技展厅，集展示、共享空间于一体，为企业提供发展资源交流平台，成为湖北文化新窗口；在卓尔数科投资下建设短视频拍摄基地，月产短视频超 2000 条，为企业提供短视频拍摄制作系统方案；在虎客公司投资下建设虚拟影像系统，融入 AR、VR 等元素，实现真人和虚拟元素在虚拟空间中的实时互动和捕捉，专业应用于影视制作、发布会、电商直播、教育教学等场景。长江文创产业园将逐步打造成为“传媒 + 文创 + 网络视听”新文化融合园区。

第六章

着眼未来：发力顶层设计，建设全媒体传播体系*

* 部分内容参考了王彬发表于《当代电视》2023年第4期的文章《构建全媒体传播体系 打造新型主流媒体》，和胡文娟发表于《新闻前哨》2023年第22期的文章《“四新”路径：主流媒体加强全媒体传播体系建设的着力点——以湖北广播电视台为例》。

2020年6月30日，中央全面深化改革委员会第十四次会议审议通过《关于加快推进媒体深度融合发展的指导意见》。会议强调，推动媒体融合向纵深发展，要深化体制机制改革，加大全媒体人才培养力度，打造一批具有强大影响力和竞争力的新型主流媒体，加快构建网上网下一体、内宣外宣联动的主流舆论格局，建立以内容建设为根本、先进技术为支撑、创新管理为保障的全媒体传播体系，牢牢占据舆论引导、思想引领、文化传承、服务人民的传播制高点。2022年，党的二十大报告明确指出，“要加强全媒体传播体系建设，塑造主流舆论新格局，巩固壮大奋进新时代的主流思想舆论”。这为新时代主流媒体建设全媒体传播体系、塑造主流舆论新格局提供了根本遵循。

构建全媒体传播体系已经成为时代课题，加快推进全媒体传播体系建设，事关媒体融合事业的高质量发展，事关良好网络生态的建设，事关国家文化繁荣和文化自信。全媒体传播体系包含时空、技术、主体、效能等维度，在内容、渠道、生态等方面有新的要求，如要求媒体传播信息突破时空限制，随时随地多角度传播、全方位呈现、多对多传播，突破生态尺度，集成信息、社交、服务等各种功能，使受众获得更加全面、深刻的体验感与获得感。面对建设全媒体传播体系在内容、渠道、生态等方面的新要求、新挑战，广播电视媒体应当加快推动媒体深度融合发展，构建全媒体传播格局，涵盖基于价值引领、机制创新、移动优先的全媒体传播内容生产体系，基于数字化、智能化、互联化的全媒体技术支撑体系，基于大数据效果测算、全媒人才培养、激励管理体制的全媒体传播评价体系，着力打造具有强大影响力、竞争力的新型主流媒体。

媒体融合发展已进入深水区和攻坚期。作为湖北省核心主流媒体，湖北广播电视台一直注重把握媒体融合脉搏，打响了媒体深度融合发展的攻坚战。湖北广播电视台打通省、市、县三级党政部门资源，利用云计算、大数据等技术，于 2015 年 7 月搭建起省级新媒体云平台，逐步成长为一个覆盖湖北省的“新闻 + 政务 + 服务”，资源共建共享、共融互通的区域性生态级枢纽型融媒体平台。在积累了长江云平台建设的成功经验后，湖北广播电视台顺势而为，紧抓机遇期与窗口期，重塑策划、生产、技术、传播、人才建设等各资源要素之间的结构关系和运行方式，全面启动机制创新加速键，进入媒体深度融合实践阶段，构建全媒体传播体系，打造新型主流媒体。

一、建设全媒体内容生产体系，提升视听媒体影响力

内容生产是根本，全媒体内容生产体系的建设，要适应时代变化，通过流程再造、制度重塑，以新思想新理念为基点，守好主流舆论阵地；以体制机制突破为引领，深化媒体融合发展；以移动优先为核心策略，提升网络传播效力，生产适合网络传播的优质内容，从而在思想观念多样化的复杂形势中凸显主流价值，有效引导舆论，提升视听媒体影响力。

（一）以新思想新理念为基点，守好主流舆论阵地

思想宣传是主流媒体的使命和任务，广播电视媒体在加快全媒体传播体系建设时，必须坚持不懈用习近平新时代中国特色社会主义思想凝心铸魂，注重提升内容品质、创新表达方式，创新创优内容，唱响共产党好、社会主义好、伟大祖国好的时代主旋律，坚定不移守好主流舆论阵地。

1. 流量红利消退之下，坚定主流价值立场

在“智慧视听”日渐成为广播电视行业创新转型的统一认知的过程中，短视频等新媒体凭借其“轻量化”“互动化”“场景化”的优势，为视听行业生存和发展空间的拓展与优化提供了新思路。然而，当视听传媒阵营挤破头进军新媒体的同时，新问题、新困境也层出不穷。

这是一个“人人都有麦克风”的时代，传播的门槛不断降低，短视频的创作自由随性，制作者的个人视角与专业背景的差异衍生出良莠不齐的视听内容，视听价值更是出现低俗化、娱乐化倾向。新形势下传统媒体和新媒体空间中出现多个复杂嵌套重叠的舆论场，互联网的开放性、自由性、随意性、主观性悄然改变着媒介生态，公众的情绪波动牵动着社会舆情风向的转变，传统媒体在舆论阵地中的主导权与话语权也受到了前所未有的威胁与挑战。在此情境下，广电媒体只有坚持党性原则、充分发挥新闻宣传的喉舌功能，从新闻宣传阵地向适应新型传播格局和传播生态环境的舆论引导阵地转型①，才能巩固自身在新闻传播场域中的权威性，才能有效避免主流媒体朝“非主流化”甚至“边缘化”的方向发展。

在数据与流量成为媒体发展的着力点、“注意力经济”和“眼球经济”成为评价新闻内容质量的依据的当下，广播电视媒体的转型升级一方面需要审时度势，紧跟时代步伐，不断深化媒体融合的进程，向新兴媒体行业进军；另一方面，随着微博、公众号、抖音等各类新媒介应用形式的出现，信息得以即时、海量地呈现在公众面前，受众在需求被满足的同时，又往往会陷入分辨碎片化信息真实性的困境。因此，广播电视媒体需要秉承新闻专业主义和“内容为王”的理念，利用强大的采编能力，彰显其生产权威性和专业性信息的优势，发挥传统媒体净化互联网风气、正向引导舆论

---

① 陈炜．全媒体格局下城市广电媒体的战略转型研究［J］．南京社会科学，2009（8）：45-52.

的积极作用。

具体而言，广播电视媒体首先需要找准自身的受众与市场定位，根据所在省、市、县、乡等级别的不同，明确自身应当肩负的职责，保持本土特色、立足本地优势，及时掌握覆盖范围内的新闻资源。广电媒体在争夺时效性的同时，更要发挥传统媒体在深度解读、新闻评论、实时跟踪等方面的优势，通过对新闻事件的背景链接、权威解读、持续追踪，积极顺应媒介融合趋势、跨越地域与传播形式的限制，抢占当地舆论宣传中的主导地位，扩大舆论辐射面。

其次，随着猎奇、精简、娱乐成为大部分受众的观看取向，广电媒体需要以乐观的心态面对转型升级，遵循新闻传播规律，在灾难新闻、争议新闻、突发新闻、冲突新闻、会议报道、典型报道、人物报道等方面下狠功夫，通过邀请专家、开直播等方式提高新闻报道的透明度和可信度，改善创新新闻生产话语体系，从而增强舆论引导的实际效果。

再次，媒介融合强调的不仅是新闻传播形式的更新与媒介形式的融合，更是传统媒体与新媒体在经营理念、宗旨等深层次的融合，目的在于实现新闻传播的跨媒介叙事。由此，广电媒体也应该在坚守新闻原则的基础上，顺应社会需求、借助新媒体优势，加强与受众的交流与互动，优化受众收看或收听广播电视节目的多感官体验，增强受众对主流媒体的接受度和认可度，在此基础上凸显视听行业在全新媒介环境中依旧难以匹敌的硬实力。

最后，不同区域的广播电视媒体还应加快突破“单打独斗”的局面，破除媒介合作的障碍，以整体发展为长远目标，加快创新传播载体之间的合作与优势互补，借助兄弟电台电视台、境内境外自媒体等传播平台拓展自身覆盖范围和影响范围、开拓舆论引导的新阵地。

2. 把握宣传的“时度效”，扩展传播广度和深度

读者在哪里，受众在哪里，宣传报道的触角就要伸向哪里，宣传思想

工作的着力点和落脚点就要放在哪里。新形势下，互联网早已成为宣传报道和舆论引导的主战场。不挺进主战场，意味着丧失主动权，失去影响力。随着新媒体技术的快速发展，主流媒体应加速占领主战场，掌握互联网舆论引导权。

在新媒体强势崛起的当下，视听行业需要适当改变自身的传播策略，更好地把握时间、地点，因时制宜、因地制宜地进行传播。在长期的发展过程当中，以视听行业为代表的主流媒体已经拥有了极高的权威性和社会公信力，因此也在扩展传播的广度和深度方面具有充分的优势和丰富的资源。在向新媒体转型的过程中，如果完全与自媒体平行，单纯效仿个人传播者、地方自媒体等的传播形式，而忽略了对国家重大事件、重要时间节点的关注，也会失去主流媒体的本真，不利于巩固人心、引导舆论，更不利于国家的宣传和形象的塑造。因此，视听行业既要下沉，又不能完全与自媒体混为一谈，要坚定传统主流媒体“耳目喉舌”的新闻宣传定位，把握宣传的“时度效”，关注会议、节日等重大时间节点，在合适的时间节点弘扬正能量、报道大人物、歌颂宏大主题，展现国家形象，回应民众关切。

第一，“因时制宜”。比如，在2022年中国加入《湿地公约》30周年之际，湖北之声联合全国相关省市媒体共同推出了系列报道《湿地公约，中国行动》，在报道中重点关注湖北东湖等知名的国际重要湿地、国家湿地公园、湿地自然保护区等，从湿地的保护谈起，让世界人民看到了中国保护环境、与自然和谐共生的决心与行动，同时赞扬了人类命运共同体的理念与思想，宣传了习近平生态文明思想和党的二十大精神，展现了中国作为全球湿地保护修复重要参与者、贡献者和引领者的大国形象。

第二，“因地制宜”。扎根当地，是广电媒体赢得受众认可的重中之重。每个地域，每个城市，甚至每个乡村都有自身的文化根基与血脉，都是中华优秀传统文化的重要组成部分，广电媒体要做的，就是大量挖掘当地文化和历史底蕴，并将其呈现在受众面前，让当地民众树立起文化自信，也让媒体受众感受到中华文化的博大精深，做好时代的传承者、文化的传播者。例如，湖北广播电视台的《戏码头》栏目就是“因地制宜”的典型代表，选取楚剧、荆州花鼓戏、黄梅戏等充满荆楚风味的地方剧种，以戏剧的形式讲述湖北故事、宣传荆楚文化。

第三，“总结规律”。媒体深度融合不仅要对内整合生产要素，更要对外有效整合各类媒介资源，以共享、开放、合作的姿态与理念积极拥抱新媒体平台，挺进互联网主阵地，实现一体化发展，全面提升影响力、引导力、公信力。媒体融合初期，主流媒体往往只看占有平台的数量，进入改革深水区，需要加速占领阵地，更要把关信息传播质量。2021 年以来，湖北广播电视台按照“严控总量，做强品牌”，先后制定下发了一系列文件，下大力气关闭清理了一批新媒体小号，同时对标业内和国内一流水平品牌账号，集中力量打造湖北台头部大号。湖北广播电视台深刻把握传播规律，融媒体平台建设理念从“有没有”向“好不好”转变，触角延伸至互联网平台的每一个角落，扩大主流版图，坚决掌握主阵地话语权。

第四，“议题设置”。人人是信息生产者，人人也是信息消费者。在信息过剩的互联网中吸引用户关注，正是主流媒体专业内容生产能力以及价值引导能力的体现。主流媒体要坚持守正创新，做好新形势下新闻舆论工作，更要学会“用主流价值导向驾驭算法，全面提升引导能力”，不断增强议题设置能力，强势输出主流价值观，以真实客观、全面丰富、正向主流的信息服务赢得用户认可。

（二）以体制机制突破为引领，深化媒体融合发展

移动互联网迅速崛起，媒体平台更加多元化，视听生产流程和产品逻辑得以重塑，给视听内容生产和运营模式带来挑战。广电媒体在媒体深度

融合中容易遭遇两大瓶颈：一是无法凭借一己之力，实现海量内容的协同生产传播；二是无暇在多个产品孵化中完成IP产品的打造。要突破瓶颈，内容生产体制机制改革是核心，其最终目标是全局性、根本性、可持续地推动广电媒体深度融合转型。

1. 建立融媒体中心管理机制，实现一体化发展

2020年11月13日，广电总局印发《关于加快推进广播电视媒体深度融合发展的意见》，指出要“建立健全一体化管理体系”。坚持广播电视和网络视听实行一个标准、一体管理，落实导向管理全覆盖要求，强化主管主办责任和属地管理责任，压实传播平台对内容管理、安全管理的主体责任，推动建立行业从业主体信用激励和惩戒管理机制。引导行业组织在服务媒体融合、规范行业秩序、开展行业自律等方面发挥积极作用。落实“放管服”改革要求，优化完善资质管理。推进广播电视媒体融合智慧监管体系建设，加强监管信息互联互通、资源共享。坚持法治与技术手段并重，提升管理科学化、精细化水平，营造统一、公平、有序的良性竞合环境。

“一体化”已经成为媒体融合发展的“图纸”之一，能够实现资源的共享和整合，提高广电媒体的内容生产效率和生产协同能力，从而提高媒体的竞争力和影响力。2020年以来，湖北广播电视台建立起一套协同高效、共享开放、全域智慧、常态可行的融媒体生产与管理机制——“POWER融媒大脑”融媒体生产管理机制。“POWER融媒大脑”是集理念与思路、内容与技术为一体的融合生态模式，在湖北广播电视台全台进行统筹调度，以项目制方式运作，实现跨部门协同工作，以优质创意产品集群为根本，以集束式报道形成规模，以六大传播矩阵掀起传播热潮，以大数据和算法进行效果评估，以奖励机制激发全员融媒实践积极性，打通“统筹规划（planning）、联合运营（operation）、精准传播（well-targeted）、效果反馈（effect）、正向激励（reward）”五个关键环节。

“POWER 融媒大脑”以融媒体新闻指挥调度系统和湖北新闻移动采编 APP 两个技术平台为支撑，调度包括长江云 APP 和全台各新媒体网络账号（微博、微信公众号、抖音、快手、今日头条等）矩阵平台在内的全台资源，统筹内容运营和传播，系统骨干支撑作用明显，分发渠道触及多个采编终端神经末梢。

指挥调度系统完成面向广播、电视、新媒体的线索、选题、文稿、报道等新闻采编任务，同时具有任务管理、资源调度、数据统计等功能。系统对公网公开发布，用户可通过互联网随时随地登录系统进行稿件的采编审发任务，在稿件中可以添加图片、视频、音频等附件。系统的应用有效提升了新闻生产效率，为广播、电视、新媒体新闻策划采编审发提供一体化融合技术，具体内容如下。

一是在线索汇集上，全天 24 小时实时、自动汇聚 4 个频道热线电话报料线索，在给频道提供新闻采访线索的同时，为新媒体大数据中心进行舆情分析提供了日常化的信息服务。二是在选题策划上，为台融媒体新闻中心调度选题会提供日常选题导入及选题会召开等技术服务。三是在市州台新闻回传与新闻共享上，完成了新闻指挥调度系统在全省 17 个地级市州台及部分县级台的推广及使用。四是在台内新闻节目生产上，打通了电视非编制作与电视播出系统，目前台内主要电视新闻节目、部分广播新闻节目、各频道记者、新媒体编辑、市州媒体用户等均有使用。

湖北广播电视台在建立常态化大外宣机制“POWER 融媒大脑”的基础上，还构建起多媒体、多渠道、多语种的移动化、社交化、可视化传播格局，在重大宣传节点发挥了重要作用。2022 年，在党的二十大主题报道中，湖北广播电视台进一步优化融媒体大脑生产管理机制，构建跨平台、全媒体、多样态的报道框架，形成资源通融、内容兼融、宣传互融的“台网微端屏号”一体化传播新格局，最大限度凝聚全媒体宣传动能。湖北广播电视台有 4 件作品获中宣部表扬，3 件作品被国家广播电视总局发文点赞，7 件作品全网置顶。在对党的二十大开幕会等重要活动的转播工作中，湖北广播电视台调动多个频率以及长江云、湖北发布等新媒体矩阵、光谷国际广场户外大屏等资源同步直播，实现了广覆盖、高声势、强影响，新媒体端实时观看量超过 4200 万。

“POWER 融媒大脑”集合全台最优质资源进行生产创作，创新创优打造精品内容，锻炼出一支“聚是一团火，散是满天星；分频各精彩，汇聚一道虹”的战斗群，打造出一个“全台资源一体化，移动优先长江云，大屏小屏能联动”的融合圈，呈现出一种“省、市、县三级媒体全贯通，央媒、商媒、外媒全联动”的传播网，全面增强传播力和影响力。“全台矩阵、全省矩阵、省际媒体、央媒平台、商业平台、海外矩阵”六大矩阵同频共振，更新传播样态，构建舆论传播立体化新格局。

“POWER 融媒大脑”坐镇指挥，每一次创意联动报道，湖北台都会充分调动各频率频道和长江云、湖北新闻、湖北发布等近 60 个新媒体账号，省内协同 120 个长江“云上”系列客户端，并联合学习强国、人民日报社、新华社、央视新闻、央视频等央媒平台，以及新浪、头条、腾讯等商业平台共同宣推，共享互通，全域传播，合力推动传播效果呈指数级增长。

2. 实施内容创意激励机制，推动项目化运营

广电总局在《关于加快推进广播电视媒体深度融合发展的意见》中指出，广电媒体要构建集约高效的新型采编制作播发流程，建立全媒体指挥调度体系，用好项目制、工作室、产品事业部等各种内容生产组织和运营方式，实行灵活运行机制，打造自有优质网生内容、网红队伍和社交圈，形成个性化品牌集群。

2022 年初，湖北广播电视台围绕党的二十大主题宣传，面向全台征集内容创意，布局新闻行动、纪录片、短视频、广播剧、文化节目等多个赛道，建立了党的二十大宣传的重点项目库。《桥见十年》《汉水人家》《重回

长江的麋鹿》等一批立意巧、创意新的项目脱颖而出，通过全台一体统筹、协同作战、资金扶持，使这些项目按节点、分阶段、有步骤地推进。这些项目彻底打破了传统广播电视节目与新媒体平台之间的壁垒，将新闻的“硬核”装入各种形式的“软壳”，风格生动活泼，拉近了与受众的距离，有效提升了在互联网的传播热度。

（三）以移动优先为核心策略，提升网络传播效力

随着大数据、云计算等信息技术的发展，媒体垂直类服务的融合传播模式再度面临新的机遇。高度数字化、一体化、集约化的媒体平台，与海量资源数据的结合，要求广电主流媒体明确功能定位，立足实际，根据自己的资源禀赋大胆探索各自的媒体深度融合“移动优先”发展路径，在信息内容、技术应用、平台终端等方面做出特色、体现优势，实现集约化、差异化、高效率发展。[①]

1. 强化平台建设，做大做强自主可控平台

移动互联网时代，信息传播呈现“终端随人走、信息围人转”的特点，主流媒体要建设自主可控的平台，借助移动传播，牢牢占据舆论引导、思想引领、文化传承、服务人民的传播制高点。

湖北广播电视台长江云平台横向打通移动采编系统、传统采编播系统和商业平台编辑系统，纵向贯通省、市、县三级媒体云稿库系统，组建覆盖湖北省各级上千名记者的“云上联合报道团队”，以统一指挥、统一信源、分级策划、统一标准为基础，形成多元采集、多样编辑、多种产品、多端分发的省、市、县三级媒体融合新闻生产运作流程和常态化的信息协

① 肖叶飞 . 广电媒体深度融合中的“移动优先”战略［J］. 声屏世界，2022（6）：5-8.

作联动机制。全平台以“移动优先”为核心策略，以“重要节点＋湖北元素＋故事呈现”为创作规律，策划硬核内容产品，在湖北省建立融合共生的作战机制，并通过平台功能“一键部署”，有力抢占第一时间权威发布的制高点，最大化传递主流价值正能量。借助长江云“云上”系列矩阵，实现省、市、县三级媒体协作，一体策划、共享发布、同频共振，拳头产品第一时间布局到湖北省 121 个客户端，并向人民日报社、新华社、学习强国、央视新闻等央媒平台推荐。

2. 深耕垂直领域，打造移动内容生态链

媒体融合深度发展对主流媒体的要求，由前期初步实现新形态、新渠道、新内容，已经转向新服务、新体验、新生态，在具体改进路径上，走向深度的垂直化战略成为主流媒体寻求深度融合的突围之路。打造全媒体内容生产体系的核心问题是要形成一个网上网下一体、内宣外宣联动的主流舆论格局。湖北广播电视台结合自身的资源优势和视频制作优势，从发展战略与业务拓展的角度布局移动内容平台，优质内容覆盖全域化渐成常态。

二、建设全媒体传播评价体系，激发视听行业新活力

在全员媒体的当下，舆论生态、媒体格局、传播方式发生了深刻改变。报道篇幅与数量已不再是传播效果评价的唯一指标，还要结合受众参与程度、主观评价，才能更真实地呈现实际的传播效果。因此，打造全媒体传播评价体系，既需要透明、系统的传播效果评价体系，借助大数据实现对传播效果评价的客观性；也需要科学、合理的管理考评体系，让主力军挺进主阵地，充分激发创新活力。

（一）依托高新技术，建立全媒体传播效果评价体系

当前人工智能与大数据技术的发展一日千里，大数据、云计算、智能设备、算法推荐等技术及其联动效应，构成了“场景时代”的主要力量。一方面，人工智能与大数据技术进一步改变了传播格局，重塑了传媒生态；另一方面，这些新技术在给主流媒体带来巨大挑战的同时也提供了更多可能。随着融合传播、跨屏收视的普及，传播主阵地转向网络空间后，建立全媒体传播效果评价体系成为当务之急。基于大数据来实现传播效果的测评能够精准把握传播过程中各个节点和各群体的传播介入情况与具体的反应。在互联网平台，大数据的运用是关键，今日头条通过聚合、分发，有针对性地推送内容；抖音、快手还通过数据分析，推荐用户，构建网络关系。传统主流媒体往往具备较强的内容生产能力，而在数据运用、效果评估等方面较为薄弱。

传播效果评价体系指标不仅包括客观的点击率、页面停留时长等，还应该包括较为主观的体验感受、互动参与。全媒体传播效果评价体系，需要有依托数据进行精准分发的技术，还可以利用第三方测评机构，提供更丰富、更实时、颗粒度更细的后台数据，促进传播效果评价体系更科学、合理。建立全媒体传播效果评价体系，目的在于通过效果反馈，提升后续传播决策和实践的针对性，形成“内容生产—效果评估—反馈机制”有机循环的生态系统。

目前，在融媒传播效果评估中，湖北广播电视台依托互联网大数据技术及长江云平台，汇聚线上线下数据，通过数据融合运营与算法分析，建立动态反馈机制，分析爆款产品传播路径，总结传播效果，发挥长尾效应。在大型报道中，综合全网数据对活动热度进行分析，制作热力传播图，使传播走向和传播热度一目了然，充分掌握传播影响力。其中，长江云大数

据中心是湖北省广播电视台依托长江云平台及互联网大数据技术建立起来的信息舆情分析系统。该中心汇聚网上网下数据，通过数据融合运营与分析，拥有自主监测、实时抓取、舆情分析、危机预警、事件追踪、舆情报告等核心功能，以大数据助力全面准确、稳定高效、深度挖掘的传播效果分析。

（二）引才育才用才，健全全媒体人才培养体系

人才是创新的根本，是发展的第一资源，对于新闻事业来说，培养人才、建强队伍是一项关键性的工作。广电总局在《关于加快推进媒体深度融合发展的意见》中专门提到了与人才相关的全媒体人才培养、人才引进、优化人才队伍结构、提高人才吸引力、释放人才活力等任务要点，在用人机制方面的突破对于主流媒体深度融合发展能否取得成效意义重大。当今时代，媒体竞争和转型的关键支撑力量便是人才。

2017 年，中宣部等部委联合印发的《关于深化中央主要新闻单位采编播管岗位人事管理制度改革的试行意见》提出，“既充分发挥事业体制凝聚人才的重要作用，又善于运用灵活用人机制激发新闻舆论工作队伍活力，探索新形势下吸引使用人才、评价激励人才、培养管理人才的有效措施，增强新闻舆论工作队伍事业心、归属感、忠诚度，为新闻事业长远健康发展提供坚实有力的人才支撑”。

一方面，广电媒体的性质与定位决定了其必定是我国新闻舆论工作的重要参与者，其人才队伍需要具备较高的政治素养、理论水平和业务能力，需要牢牢把握“学思想、强党性、重实践、建新功”的总要求，在习近平新时代中国特色社会主义思想的指引下，培养一支政治素养过硬、业务能力精湛的工作队伍，凝聚民族力量，助力中华民族伟大复兴；另一方面，要能够充分运用现代传播技术，不断掌握新知识、熟悉新

领域、开拓新视野，增强本领能力，在此基础上打造一支具有国际传播视野和能力的人才队伍，助力讲好中国故事、传播好中国声音，展示真实、立体、全面的中国，更好地承担起“联接中外、沟通世界”的职责和使命。

1. 对外引才，激发融媒创新活力

（1）引得进，破除学科壁垒，广纳文理交叉融合型人才。

新闻传播学科内部壁垒分明的专业分工限制了培养复合型新闻传播人才的想象力和现实选择。[①]然而，单学科为中心的新闻教育体系使得知识在学科之间被分离和箱格化。在技术发展与媒体融合的大背景之下，新闻人才不仅需要具备采写编评播的能力，还要具备交叉学科的思维，既写得了新闻稿，又玩得转大数据。《新文科建设宣言》中提到，“紧跟新一轮科技革命和产业变革新趋势，积极推动人工智能、大数据等现代信息技术与原有文科专业深入融合，推动文科人才培养与教学研究范式的创新”。学科融合的认识最早可以追溯到杜威在《学校与社会·明日之学校》中的论述。他认为，事实是全息的，而知识是片面的。在认知发展的过程中，这些被人为分离的知识需要重新融合。[②]学科融合在视听传播的实践中被转化为交叉融合的应用能力，这要求视听产品的生产者具备全方位的融合技能。“融合技能”是指能服务于融合新闻的技能，一方面包括融合新闻采编技能，即对视频、文字、图片、网页等进行融合新闻采写、策划、编播的综合技能；另一方面包括多媒体信息整合技能，即信息资源发掘能力和新闻价值判断能力。随着媒介技术的迭代更新，融合技能的

---

① 李彪，高琳轩 . 新时代卓越新闻传播本科人才培养：现状、问题及优化路径［J］. 中国编辑，2022（1）：41-46.

② 杜威 . 学校与社会·明日之学校［M］. 赵祥麟，任钟印，吴志宏，译 . 北京：人民教育出版社，2004：147-148.

内涵也在不断变化。[①] 多学科人才为视听传播的生产与发展提供了交叉性的思维环境，有利于激发融媒体生产活力，创造出兼具技术与文化的视听产品。

（2）用得好，加强国内外沟通，打造国际传播人才队伍。

一方面，知己国粹，源源不断。随着中国社会迅速发展，展示中国发展脉络与个人奋斗历程的现实题材是视听产品的主流，也成为全球观众了解当代中国的生动窗口，"'中国故事'与国族符号在交织互映中共同构成了传播中华文化、塑造中国形象的电视剧审美文化内涵"。[②] 这就要求融媒体工作者要厚植于中华优秀传统文化之中，取其精华，去其糟粕，并以视听传播的手段进行"转文化"传播。由中央广播电视总台所打造的《典籍里的中国》，通过戏剧化的情景再现与技术手段，将典籍中蕴含中华优秀传统文化的故事进行视听化呈现，在主持人撒贝宁与古时先贤的对话中，产生奇妙的共情共鸣共振，即"共同体美学"。在这样的实践中，融媒体工作者不断增强审视中华文化、发展中华文化的文化自觉，基于当代中国的政治、经济、文化等现实境遇，对全球化语境中的中国文化进行自我剖析与定位。[③] 另一方面，知彼喜好，话语转化。斯图亚特·霍尔曾将语境分为高语境和低语境。中国传统文化是一种典型的高语境文化，在不同的语境进行文化传播时，会产生不同的传播效果，找到跨越文化的公共文本是国际传播人才队伍的必备技能。北京冬奥会期间的吉祥物冰墩墩，以熊猫憨态可掬的形象获得了世界人民的喜爱，在传播中它超越了动物符号本身，具有代表中国凝聚"人类命运共同体"的和合文化的精神象征。

---

① 栾轶玫，何雅妍．融合技能智能素养价值坚守：多元时代的中国新闻教育变革［J］．新闻与写作，2019（7）：34-42.

② 杜莹杰，贾晓萌．电视剧的中国故事与国族符号的国际传播［J］．现代传播（中国传媒大学学报），2021，43（9）：75-80.

③ 孟建，符艺娜．跨文化传播的新场域：基于国际 A 类电影节获奖中国电影的研究［J］．上海交通大学学报（哲学社会科学版），2023，31（9）：33-52.

（3）留得住，完善人才管理体系，助力主力军挺入主战场。

新闻人才的质量直接影响到新闻生产的水平。然而，对于推动融媒体建设而言，“人才缺乏是制约县级融媒体中心建设的重要问题”。[①] 由于县（区）级融媒体中心平台小，资源匮乏，工资较低，难以招聘到优秀新闻人才。而上级媒体无论是平台、工资、提升等各方面都优于县（区）级融媒体中心。县（区）级融媒体中心培养多年选拔出的优秀人才，也常常跳槽至上级媒体或其他企业。[②] 留得住人才，一方面要完善选人用人留人机制，坚持“公开、公平、公正”的选人用人原则，树立正确的用人导向，真正把政治坚定、能力出众、忠诚可靠的优秀干部提拔使用起来。广电总局印发的《全国广播电视和网络视听“十四五”人才发展规划》中指出，人才体制机制改革取得新突破。着力解决人才发展的制度制约，为人才松绑赋能，人才分类评价体系基本建立，人才流动更加顺畅有序，人才激励服务保障水平显著提高，人才价值得到充分彰显。另一方面，要着力解决人才所面临的“后顾之忧”。配备齐全先进的媒体设施，为融媒体人才提供良好的工作环境；为表现突出、工作成果显著的媒体人才提供额外的表彰和资金奖励；提供开放包容的文化环境，为融媒体人才生产出有思想、有创意的媒体产品提供土壤。

2. 对内培训，驱动融媒体队伍建设

（1）从“替代”到“融合”，弥合新旧媒体人才区隔。

早在 2006 年，有学者就指出了融媒体时代与传统媒体时代新闻工作的巨大差异，“记者必须跨平台承担不同媒体交给的工作。98% 的工作将和今

① 谢新洲 . 县级融媒体中心建设关键问题剖析［J］. 新闻战线，2020（1）：46-49.

② 许琳晶 . 突破新闻地域性限制讲好“小地方”的故事：县（区）级融媒体中心做强地方新闻的思考［J］. 东南传播，2021（12）：25-27.

天要做的极大不同”。[①] 这就导致，新旧媒体从业者之间在知识、技能、认知等方面存在巨大的差异。这种差异不但会造成在视听生产中的矛盾，而且会成为阻碍新旧媒体深度融合的一块顽石。故而，建设融媒体队伍首先需要弥合新旧媒体人才区隔。

2021 年，在中宣部的指导下、省委宣传部的部署下，长江云在全国率先推出县级融媒体中心全面标准化培训模式，以线上线下相结合的方式完成了 5000 余人的培训覆盖。目前，长江云正在打造“全媒体英才计划”实训营品牌，以全媒体综合技能实训形式来助力县级融媒体中心从业人员转型。着手联合省属重点高校，共建湖北省县级融媒体中心培训中心，着力构建系统化、多样化、专业化的全媒体人才培养体系，争创全国媒体融合人才培养的新模式。在强调弥补新旧媒体人才区隔的同时，长江云平台坚持贯彻以“四力”提升为主题，由资深记者全程指导，用脑去思考、用笔去创作、用眼去观察、用脚去丈量，在理论与实践相结合中，引导学员创作出“沾泥土”“带露珠”“冒热气”的实训作品。培养能够勇于打破视野局限、思维惯性和路径依赖，身体力行践行“四力”工作要求，打磨优秀作品、展现传播力量的新时代新闻人才。

（2）从“平面”到“数智”，培养具有数据思维的人才。

当前人工智能、大数据等技术已经与媒体行业深度融合，虚拟主播、VR/AR、元宇宙等新兴概念与视听传播相结合，不断扩展媒体融合与发展的边界。以沉浸式、具身化、互动性为特征的视听产品呼唤具有数据思维的生产者，只有人才与业务的深度融合才能不断提高媒体的核心竞争力。一方面，海量庞大的数据要求视听生产者能够看懂数据、用好数据。大数据时代的新闻报道是在数据搜索、归纳、可视化表现等技术的基础上，改变传统信息搜集的工作重心，为传统的“新闻鼻祖”和数据叙事技巧的强

① 高钢，陈绚 . 关于媒体融合的几点思索［J］. 国际新闻界，2006（9）：51-56.

力结合提供了一种可能。[①] 在海量数据的基础上，以受众易接受、好呈现的形式进行可视化的转换。另一方面，纷繁复杂的呈现形式要求视听生产者能够明辨真伪、去粗取精。正如麦克卢汉所言，我们塑造了工具，而后工具塑造了我们。技术的进步导致数据伪造变得容易，《深度合成十大趋势报告（2022）》仅统计国内外 10 家平台就发现 2021 年新发布的深度合成视频已达到 3 亿的点赞数。对于融媒体人才的培训不但要注重在技术层面生产出具有高技术含量的视听产品，更要注重对于辨别能力的训练，掌握科学的辨识方法。正如卢因在《群体生活的渠道》中提出，在群体传播过程中存在着一些把关人，只有符合群体规范和把关人价值的信息，才能进入传播渠道。[②]

（3）从“被动”到“主动”，训练具有受众缘的融媒体团队。

面对技术飞速发展所带来的新机遇与新挑战，传统对于新闻人才培训课程的支撑力和能产性正在下降。媒介的发展遵循了人性化发展趋势并呈现补偿性特征。在麦克卢汉“媒介即讯息”的隐喻之下，视听传播产品在提供基础性的信息之外，更多发挥着情感抚慰的重要作用。因此，融媒体人才也需要顺应时代发展，创作出“说理有声，感人动情”的媒体作品，关注现实生活，提升视听产品的观众缘，实现从“大道理”到“小故事”、从“硬说教”到“软引领”的转型。

（4）从“地方”到“世界”，选拔立足地方展望世界的人才。

在当代人文地理学中，地方一般有三重含义：一是地球表面的某一个点；二是个体或群体对地方的主观感受，包括地方在个人和群体中的作用；三是人们日常生活和交往的背景和场所。地方是认同产生的基础所在，然

① 徐锐，万宏蕾．数据新闻：大数据时代新闻生产的核心竞争力［J］．编辑之友，2013（12）：71-74.

② 骆正林．根据新闻把关原理规范政治信息传播［J］．同济大学学报（社会科学版），2011，22（3）：50-60.

而技术的进步和全球化的浪潮使得世界在变成紧密相连的地球村的同时，磨平了地方的边界，使得“地方感”无处可依，这就要求视听创作者能够立足地方，创作出具有地方特点、地方文化的视听产品。

3. 构建人才激励机制促进良性发展

（1）抓住实践教育，培养融媒体人才后备军。

供需耦合理论描述了系统之间相互协调、互相促进、动态演进、共同发展的关联关系，为分析行业人才需求对高校培养目标的指导性提供了思路。[①] 这启示我们，构建人才激励机制，要从教育入手，从源头抓起，搭建新型产教融合平台，校企合作、教赛联合，奖励有创意、有能力、有笔力、有脚力的青年媒体人才，培养融媒体人才后备军。

2017 年国务院办公厅下发《关于深化产教融合的若干意见》，提出“深化产教融合，促进教育链、人才链与产业链、创新链有机衔接，是当前推进人力资源供给侧结构性改革的迫切要求，对新形势下全面提高教育质量、扩大就业创业、推进经济转型升级、培育经济发展新动能具有重要意义”。然而，诸多新闻院校与宣传部门、新闻单位的合作仍停留在签订框架协议、安排学生实习实践、专业人士进课堂等“协同培养”的模式之中，呈现出零碎性、阶段性和表面性等特征，缺乏整体性和长效性，尤其缺乏市场思维的人才培训和以市场稀缺人才为导向的人才培养与激励机制。

（2）扣住激励根本，提供融媒体人才发展平台。

在人才的激励机制层面，亚当·斯密提出了“经济人”的概念，认为人的全部需要在于经济利益，人们都是为了追求经济利益而存在的，经济利益最能调动人的积极性。而后，“社会人”概念的出现并与其相对应，更

---

① 罗弦．供需耦合视域下高校网络视听人才培养策略研究［J］．传播与版权，2023（4）：113-115.

加强调个体在适应社会环境、参与社会生活、学习社会规范、履行社会角色的过程中，逐渐认识自我并获得社会认可，取得社会成员的资格。由此可见，对于人才的管理与队伍建设，不仅要加强经济层面的福利管理，而且要注重搭建培养视听人才的平台，建立健全媒体融合人才库，疏通媒体融合人才学习通道，开展全媒体理念和技能培训，推动传统采编人员全员转型，加强适应媒体融合发展需要的策采编播管、技术开发、产品运营的人才建设，补齐媒体融合专业人才短板，既能满足培养一批具有国家站位、专业精通的融媒体人才的需求，又能够满足视听传播人才自我学习、自我发展的现实需求。

（3）完善制度保障，消除融媒体人才后顾之忧。

为加强视听新媒体人才培养，广电总局印发《全国广播电视和网络视听“十四五”人才发展规划》并明确指出，设立网络视听领域专业奖项，充分发挥表彰奖励在网络视听内容创作、技术创新、专门人才培养等方面的导向作用，统筹利用推优、项目扶持等方式给予一批优秀网络视听人才更大支持，引导网络视听向精品化、主流化、精细化发展。除此之外，适当给予人才在岗位职级、薪酬、户口、福利待遇等层面的支持，激发全媒体人才入职的积极性。[①] 同时，媒体融合不仅仅是停留在内容层面的融合生产，而是不同媒体机构在制度体系、组织形态、体制机制等方面的深度融合，故而视听业态转型，要疏通媒体内部管理枢纽，完善媒体内部保险保障、健康管理、工会慰问、年节祝福、午餐 / 用车 / 通信类补助、差旅出行、即时激励、员工培训等福利制度，健全保障机制，最大限度激发融媒人才的生产力与创造力。

媒体健全人才引进机制是确保媒体行业持续发展的重要一环。为了在

---

① 何慧敏 . 智媒时代传统媒体人才结构转型研究［J］. 青年记者，2023（15）：70-72.

不断变化的媒体环境中保持竞争力，广电媒体需要深入思考如何吸引和留住高素质人才，如何引进更多能够适应新媒体传播环境的精英，从而健全人才体系。引进新媒体人才需要媒体机构持续投入精力和资源，这是确保媒体在数字化时代保持竞争力的关键步骤。通过吸引具有新媒体技能和创新意识的人才，媒体机构可以更好地适应不断变化的媒体环境，并满足观众多样化的需求。

首先，广电媒体机构需要明确战略需求，明确定位自身在业务扩展、技术升级、创新能力等方面的需求，有针对性地规划人才引进的准则、类型、规模、数量。在此基础上，广电媒体机构可以建立和维护一个人才库，通过招聘网站、社交媒体、校园招聘、专业协会、内部推荐等多种渠道来积极寻找潜在人才，鼓励多元化和包容性，吸引来自不同背景和文化的人才，为团队创造更多的创意与创新。

其次，广电媒体亟须完善现有的用人机制，使其更具灵活化、自由化、人性化，尝试全职、兼职、远程工作、项目合同等多种雇佣形式，以满足不同人才的需求、吸引更多具有特殊技能或经验的人才。

再次，广电媒体需要重视人才的培训与发展，包括内部培训、外部培训、导师制度、跨部门调动等，主动为员工提供职业培养和深造发展、实践锻炼的机会，鼓励员工不断提升自己的技能和专业能力。

最后，要想吸引人才、留住人才，还需要建立恰当合理的竞争力机制、薪酬分配和激励机制，考虑提供股权激励计划或绩效奖励，并建立有效的绩效评估和反馈机制，帮助员工不断提升自我、完善自我，促进员工之间、员工与媒体之间的深入交流。

总之，无论是在媒体融合还是广电媒体转型升级的过程中，都应该重视建立健全的引才用才体系，确保吸引和留住高素质人才，以适应媒体行业的不断变化和竞争激烈的环境，这对于媒体的长期成功至关重要。

（三）深化正向激励，完善全媒体管理考评体系

随着媒体深度融合的加快推进以及传播效果评价体系的逐步建立，广电媒体还必须建立与之相适应的全媒体管理考评体系，进一步调动节目一线人员探索融合生产、融合传播的积极性，保障新媒体端的内容生产，进而推动生产流程再造和机制变革。为此，湖北广播电视台按照“强化融媒考评，稳定视听考评，频道企业区别考评”的基本思路，通过“数据＋打分”的综合考评模式，构建了一体化多元全媒体管理考评体系。

一是以长江云平台为核心的融合考评。融媒是传媒的主战场、主阵地，湖北广播电视台围绕“做大做强自主可控长江云平台”进行融合考评，突出新媒体平台、融合产品、品牌栏目的生命周期管理；指标向自有平台倾斜，重点关照长江云传播情况，同时兼顾商业平台账号的发展，在短视频赛道发力。

二是以收视收听率为核心的视听考评。频道频率依然是广电的重要阵地，湖北广播电视台与主流收听收视率调查机构合作，形成基础考评数据；同时关注国家广播电视总局节目收视综合评价大数据系统、广电有线网络、OTT 播控平台以及其他方面的数据，通过跨平台多终端的数据分析，全面衡量收视收听情况。

三是以评奖监播为核心的专业考评。为鼓励记者编辑创新创优，推动内容创作从高原向高峰攀登，湖北广播电视台将获奖率放在突出位置，明确考评单元年度奖项要求，同时对获得“五个一工程”奖、“中国新闻奖”、“中国广播影视大奖”等荣誉的团队及人员进行奖励，这些措施都与考核挂钩。另外，湖北广播电视台专门成立监播评议中心，组织一批政治素质高、业务能力强的台内外专家监听监看广播、电视、新媒体等全渠道的内容，讲政治、重导向、找问题、提建议，建立全媒体监播系统，构筑风

险防控预警平台。考评单元被通报批评的等级、次数以及出现的硬伤差错等细节，都纳入考评负面清单。

四是以经营创收为核心的经济考评。经营创收既是新型主流媒体融合发展的成果，也是新型主流媒体融合发展的基础。湖北广播电视台在提高规模效益含金量、提高收入结构含金量、提高商业模式含金量的根本遵循下，制定考评目标。以龙头企业为例，在合理利润的基础上找项目、找收入，在扩大规模的基础上创效益、创利润。目前，湖北广播电视台已经构建了相对完善的全媒体管理考评体系，涵盖计划、实施、评价、反馈与应用五个环节；通过考评“指挥棒”“风向标”“助推器”的作用，推动湖北广播电视台高质量发展，成效显著。

总体而言，面对深刻变革的传播格局，推动媒体融合向纵深发展，建设全媒体传播体系势在必行。媒体融合之路虽充满曲折，但无论是机制层面、操作层面，还是技术层面，都取得了突破性进展。我们不难发现，广电媒体的转型升级并不是一个短期的项目，而是一个长期的、持续的过程。在过去几十年的发展历程中，广电媒体受到了数字化、网络化和移动化的三重冲击。传统的广播和电视观众逐渐流失，转向了流媒体、短视频、社交媒体等新兴平台，广电媒体的盈利模式，如电视广告，也受到冲击，使得转型升级迫在眉睫。

在此背景下，广电媒体需要做到坚守主流媒体的党性原则，充分发挥新闻宣传的喉舌功能，从新闻宣传阵地向适应新型传播格局和传播生态环境的舆论引导阵地转型；坚守“内容为王”的宗旨和原则，充分利用智能算法、大数据、4K、8K、VR、AR 等前沿技术，精准定位不同平台的定位和受众的需要，提供更加丰富和个性化的内容服务；加强与社交媒体平台深度融合，开展内容互动、直播、UGC 等新型业务，同时注重多平台传播，包括电视、互联网、移动设备、社交媒体和智能家居等，以满足不同用户在不同设备上的需求，增强用户黏性；在降低“高高在上”的传播姿态，创作更多具有贴近性、亲民性的“下沉内容”的同时，把握好宣传的“时度效”、扩展传播的广度深度；加强对传播效果的评估反馈和内容创作生产的数字化管理，深入构建自上而下与自下而上的视听融合布局，构建全平台传播矩阵，实现产业与跨界融合，整合技术创新、建立合作与共享机制、创新盈利模式，推动组织架构与人才引进。

在未来，广电媒体不仅仅是信息传播的工具，更是文化产业的重要组成部分，与用户、社会、经济等多方面紧密地结合在一起，它将继续在社会信息化、文化多样化、经济全球化的大背景下，发挥其独特的价值和作用。广电媒体的未来发展趋势是数字化、多元化、互动性、个性化和全球化。当前，广电媒体正处于历史的转折点，必须坚持创新、持续转型、与时俱进，坚持以习近平新时代中国特色社会主义思想为指导，围绕学习宣传贯彻党的二十大精神工作主线，持续深挖全媒体传播体系建设的潜力与价值，全面建设全媒体内容生产体系、全媒体技术支撑体系、全媒体传播评价体系，在奋进新时代伟大征程上努力建设具有强大传播力、影响力的新型主流媒体。

结 语

在数字化时代，媒体环境正在发生深刻的变革。传统电视、广播和电影等传统视听媒体正在逐渐融入互联网时代，形成媒体融合的新生态。这一变革推动了视听新业态崭露头角，为观众提供前所未有的多样化媒体体验。从流媒体视频到社交媒体直播，视听新业态已经成为媒体行业的引领者，改变了人们获取信息和娱乐的方式。媒体融合的背后是数字技术的迅速发展，这些技术不仅改变了媒体的生产方式，也改变了媒体的传播方式和观众的消费习惯。受众参与理论认为，媒体融合的背景之一是受众的角色转变和参与程度的提升，受众不再是单向接受信息的被动对象，而是积极参与制作、分享和扩散媒体内容，社交媒体和用户生成内容平台的兴起使受众在媒体生态系统中扮演了更加重要的角色，受众现在可以随时随地通过各种设备观看、分享、评论和参与视听内容，媒体已经不再是单向的传递工具，而是一个互动的生态系统。

随着人工智能、大数据、智能算法等新兴技术的加快应用，视听领域培育了智能高清电视、网络电视、长中短视频、网络直播、音频直播、移动智能与可穿戴终端、内容付费、激励广告、直播电商等众多新业态、新产品、新模式，重塑了大众的媒介接受方式、信息获取方式、社会交往方式与消费方式，使视听用户收听收看的渠道、终端、习惯、模式、数量、规模等产生结构性变化。新闻短视频，即以短小、碎片的方式制作新闻事件视频，通过新媒体平台传播新闻，以短、平、快、便为核心竞争优势，而不强调完整性与深度。突出的现场感、较强的时效性、独特的参与感、各异的视角，使得新闻短视频的传播力日益彰显，并逐渐获得主流媒体认同，成为媒体融合向纵深发展的突破口。[①]

然而，在广电媒体与新媒体同台竞技的当下，传统媒体的优势受到了一定程度的压制，层出不穷的新挑战和新困境威胁着广电媒体的生存空间，内容版权、隐私保护、信息可信度、商业可持续性等问题都需要媒体从业者和政府部门共同应对。在鲍曼“液态流动的社会”的现实语境中，一切都存在着不确定性，广电媒体要想留住受众，就必须适时调整自身的发展策略，守好舆论主阵地，精化新闻内容，挖掘传播潜力，深化融合布局，开拓视听行业转型升级的未来。在媒体融合的浪潮中，视听新业态的转型将继续引领媒体产业的发展，只有不断适应技术和市场的变化，积极创新内容和服务，才能在竞争激烈的媒体环境中脱颖而出，满足观众的需求，实现可持续发展。

近十年来，我国的媒体融合进程与视听技术的更新迭代有着密切的关联，与视听产业的转型变革相伴相生。在传统媒体到新兴媒体融合转型的过程中，主流媒体既是媒介环境的重要建构者，也被新的媒介环境深刻重塑。围绕以湖北广播电视台为例的视听产业转型新业态这一核心问题，本书结合理论和案例，从“主流新表达”“垂直新生态”“传播新矩阵”“发展新格局”“四新”维度，探究了媒体融合背景下的视听产业新业态转型可行路径。

---

① 王添释．媒体融合语境下电视新闻短视频化的传播策略探究［J］．东南传播，2023（7）：27-29.

一、从感知环境到符号环境，视听传播呈现全新图景

新技术、新应用、新平台的快速发展推动传统媒体的信息传播渠道发生了重大变革，随着微博、微信等社交平台，抖音等短视频平台和今日头条等信息聚合、智能分发移动终端的强势崛起，媒体生态结构被整体重塑，传统视听行业在内容生产、运营模式、组织结构、人才队伍等方面正在经历一场颠覆性的变革。移动互联网时代的新兴媒体呈现出视频化、移动化、社交化、碎片化的趋势，同时彰显出时效性、互动性、趣味性、个性化等优势，弥补了视听行业传统传播方式的不足，多平台、多渠道、多技术、多屏幕、跨行业、跨场景的交融聚合成为视听媒体打破产业边界和竞争壁垒、实现资源与内容共享的重要发展态势。

“任何新媒介都是一个进化的过程，一个生物裂变的过程，它为人类打开了通向感知和新型活动领域的大门”。[①] 从媒介环境学派的观点来看，媒介技术的变化影响人们的感官比例和接收信息的方式，由此改变人们所处的感知环境，并且每种新媒介都会形成一种由特殊符码和语法构成的符号环境，作用于人们的知觉、心理和意识[②]，媒介演进的人性化趋势使其具备人本化、跨时空以及人机、人网互动融合的沉浸特质。以 5G、大数据、人工智能为支撑的新型基础设施建设推动下的一系列新兴媒体技术正是如此，使内容更清晰（4K 超高清）、更立体（VR/AR）、更个性化（AI）、更精准（大数据、AIGC），当下媒介正进入一个以沉浸、智能、泛在、虚拟仿真、

① 麦克卢汉，秦格龙 . 麦克卢汉精粹［M］. 何道宽，译 . 南京：南京大学出版社，2000.

② 陈世华，陶杰夫 . 媒介即环境：媒介环境学的理论溯源［J］. 南昌大学学报（人文社会科学版），2017，48（3）：100-105.

全息交互等为主要特征的新阶段，营造了新的感知环境和符号环境。

当前，媒体融合中出现了很多换汤不换药、新瓶装旧酒、形式大于内容的“伪融合”。面对新的媒介环境，主流媒体需要做出多方调适。在内容生产方面，随着 5G 网络及新媒体的崛起和普及，传统广播电视媒体的市场被挤占，主流媒体需要主动拥抱新技术，但不能满足于表面的技术狂欢，须深入探究屏幕文化时代下“短视频 + 直播”的新赛道，把握其去中心化和碎片化的内容特征和以可视化为核心的内容创新形式，运用视听技术创造强烈的媒介能动性和感官联动延伸效果。在内容运营上，应当意识到拓展社交网络新渠道的重要性，拓展内容与用户的联结路径，抓住多屏共生情境下多屏互动的新型消费模式，在大小屏结合延伸媒体连接场景的同时凸显“媒体渠道与人相联结”的运营逻辑。在组织架构上，主流媒体应意识到，媒介技术的变革必将推动组织结构的变革，原本孤立、分割、僵化的组织架构导致了媒体资源分配非优化、内容驱动力严重不足的问题，在 5G 通信技术“万物互联”的特性以及信息传播的加速驱动下，有助于在融媒体中心、报台合并、三网融合等全新框架下推动媒体融合走向真正的相融局面。在人才队伍上，要通过健全引才用才机制释放人才活力，驱动融媒队伍建设，吸纳更多熟悉网络环境的“原住”青年优秀人才。

二、从内容引领到“内容+技术”，主流媒体面临观念转变

在传统媒体时代，无论是纸质媒体还是广播电视媒体，在经营中大多秉持着“内容为王”的理念，因而在媒体内容中形成了重内容、轻技术的观念和文化。网络时代来临后，技术的迅速发展冲击着视听产业的生态变革。互联网将各类传播介质数字化后融为一体再加以呈现；5G 移动通信技

术作为底层技术，带来了新的发展增量并加速推动媒体融合的进程；大数据和AI技术的发展使得“智慧社会”的高级形态成为可能，加速了“智慧广电”战略的实施建设；VR、AR等融媒体技术实现了内容与用户的深入互动；AIGC等升维智能技术为新技术和广电媒介的融合探索了更精准高效的连接方式。整体上，技术发展消解了线性时间和物理空间的界限，促使视听传播场域实现了现实与虚拟的联结，技术从“后卫”转变为“前锋”，在传媒生态变革中起到重要作用。

随着新媒体的快速发展，技术逐渐成为评判和衡量视听内容的一大重要标准，不少传统媒体为了追求快速高效的媒体融合进程，盲目地将新闻或其他节目内容以高端的可视化形式展现出来。作为长期以人文内容为引领的传统媒体，缺乏群体技术观念使得在媒体运营中的技术敏感性和前瞻性不足，抑制了对新技术的有效应用和对视听产业变革方向的准确判断。对主流媒体而言，“内容为王”是毋庸置疑的，但也不应脱离平台和技术语境，在对“内容为王”的执着拘囿中拒绝技术的赋能。在媒体融合背景下，主流媒体要转型为新型主流媒体，承担好时代赋予的使命，亟须在技术层面“取长补短”，改变长期以来重内容、轻技术的观念，适当加大技术因素在媒体战略决策中的权重，以技术变革带动理念革新，更好地适应无处不在、无所不及的万物互联时代下的用户信息需求。

当然，主流媒体要清醒地看到新兴技术在带来效率、便捷、沉浸式新体验、优质感官延伸的同时，也伴随着种种“噪声”和圈层分化、信息茧房等负面效应，甚至发生隐私泄露等异化现象，这是需要媒体和社会去警惕和克服的。主流媒体在积极运用技术的同时仍需谨记，无论技术如何迭代，内容生产和传播的专业精神、人文关怀和社会责任感、主流价值观应当是恒久的价值追求。既要向“智”而行，提升自身融合创新的能力和水平，根据自身情况发展运用适宜的新兴技术；也要“不忘初心”，坚持以高质量内容为核心，在技术助力下坚定发挥主流媒体的价值引导作用，从

“内容引领”转变为“内容＋技术”的双重驱动。

三、从媒体融合到跨界融合，媒体产业生态服务升级

在万物互联的社会环境中，技术发展不仅改变了感知环境和符号环境，也使得各行业、产业原本的边界日益模糊，媒体融合的资源重组并不仅限于媒体传播领域，而是要在更广阔的连接、整合中探求新的增长点。因此，媒体融合进入纵深阶段须打破行业框架，走向跨界融合。

媒体融合绝不是将报纸、杂志、广播及电视进行简单叠加，而是不断跨界到更丰富的媒体形态。人民网研究院发布的《2020年媒体融合传播指数总报告》的相关分析表明，报纸、广播、电视等网站和自建客户端等自有平台的覆盖率，以及在微博、微信、聚合新闻客户端、聚合音频客户端、聚合视频客户端等第三方平台的入驻率很多超过了90%。多媒体形态的矩阵构建是主流媒体扩大影响力的关键。以自有平台为主导，多种媒介平台配合发布形式有所区别的相同主题的内容，综合智能推荐机制和专业编辑生产机制相结合的内容生产、分发体系，以满足用户个性化订阅，实现媒体资源的互通共享、媒体内容兼容并蓄，最大限度提升媒体信息的传播影响力，是媒体融合背景下信息传播的明智高效之举。

2020年9月26日，中共中央办公厅、国务院办公厅联合印发的《关于加快推进媒体深度融合发展的意见》指出，要发挥市场机制作用增强主流媒体的市场竞争意识和能力，探索建立“新闻＋政务服务商务”的运营模式，创新媒体投融资政策，增强自我造血机能。因此，在智能传播时代，亟待推动传统媒体从功能较为单一的内容传播向多功能的“全效媒体”方向演进、向带有枢纽和总汇特性的信息中心服务平台转化，在民生、政务、公益、智库等垂直领域探索新的服务模式和应用场景，如以“公益＋媒体”

激发公民社会参与，以“社科 + 智库”推动知识普及传播，以“问政 + 办事”破除政民对话壁垒，将线上的“内容、用户、流量”和线下的“展示、体验、产业”相整合，构建全新商业生态体系和升级服务。从媒体融合到跨界融合带来的产业生态服务升级，不仅是视听产业转型变革的需要，对未来传媒行业赋能国家治理体系和治理能力现代化建设也有着重大意义。

随着技术的不断迭代，媒体融合已经成为不可逆转的必然趋势。在视听行业转型升级的过程中，主流媒体应当透过“后视镜”看现在，审视过去的经验，牢牢把握历经时间考验、长久积淀下来、行之有效的内容优势和主流价值引领；同时具备勇于创新的决心和实践能力，积极变革并摒弃那些已经不合时宜的观念和模式。

总的来说，在媒体融合的大背景下，主流媒体需要有更高的战略眼光和前瞻性思维，坚定地执掌视听产业变革的船舵，做到明确新要求、解决新困境、探索新平台、拓展新渠道、拥抱新技术、根植新内容、嵌入新服务、打造新场景、迎接新未来。